JN280466

日本語を磨こう

名詞・動詞から学ぶ連語練習帳

神田靖子・佐藤由紀子・山田あき子編著

古今書院

まえがき

　本書は日本語の言葉を日本語らしく使いたいと思っている人のための練習帳です。

　上級で学ぶ言葉には、ある語とある語の決まった組み合わせ、いわゆる連語があります。例えば、日本語を勉強している人が時々「関心する」と間違った使い方をすることがありますが、「関心」には「ある」や「持つ」が使われます。また「判決する」というような言い方も時々聞きますが、これは「判決を下す」と言うのが正しい使い方です。このように「関心」や「判決」のような「語」は一つ一つ覚えても、必ずしも適切に使えるとは限りません。連語の形にして初めて使えるものもあるからです。このような連語を覚えて使えるようになると、あなたの日本語がより日本語らしい、より洗練されたものになるはずです。

　本書で扱った連語は新聞の社説、コラムから選びました。辞書とは違いますから、日本語母語話者が使っているすべてのものが扱われているわけではありませんが、新聞の記事に比較的多く使われるものが選ばれていると言っていいでしょう。

　それぞれの連語に例文がつけてあり、例文を通じてその使い方を勉強することができます。また、多くの練習問題がありますから、それを解くことによって「語」の使い方が自学自習できるように工夫されています。

　どこから勉強を始めてもかまいません。関心のあるテーマで使われているものから始めてもいいし、索引から勉強したい語を選んでもかまいません。あなたの勉強のスタイルに合わせてこの練習帳を活用して下さい。

2002年7月

神田　靖子

佐藤由紀子

山田あき子

凡　例

I　各課の構成

〈動機付け〉　本文の記事を連語を使わずに簡単に書き換えたものです。

〈本文〉　新聞記事そのままの文章で、その課で学ぶ連語が太字で示してあります。

●●●ことばの意味●●●　難しい言葉や専門用語には英訳をつけました。

●●●ことば●●●　連語の意味や用例をあげてあります。詳しい記号の説明は下記を見てください。

●●●練習問題●●●　この課で学習した語句を繰り返して覚えるための練習問題です。

II　●●●ことば●●●のページの記号

見出し語　　本文中に現れる学習するべき連語です。

：　　　　　見出し語の意味

・　　　　　例文

＊　　　　　見出し語に対応する自動詞・他動詞や特に注意すべきことがらが書いてあります。

基軸語1、2　見出し語に含まれる語の中で他の語と結びついて別の連語をつくる基となる語（基軸語とよびます）を □ 内に示しました。基軸語にたくさんの意味がある場合は番号をつけて分けてあります。

§　　　　　基軸語に２つ以上の意味がある場合、それぞれの意味を書きました。

⇒　　　　　基軸語と結びつく語を／で区切って並べました。連語の意味が、それを構成する語そのものの意味ではなく変化している場合や意味が分かり難い場合は、（　）の中にその意味を書きました。

〈比喩〉　　文字通りの意味ではなく比喩的な意味を表します。

〈慣用〉　　連語の中でも特に結びつきが強いものは〈慣用〉として、別に挙げてあります。

| 対応する自他形 | 基軸語に対応する自動詞・他動詞形がある場合、1マス下げて □ の中に示してあります。

⇔ 　　　見出し語に対応する受動・能動形や基本形を示しました。

✧ 　　　あることがらを表すいくつかの連語がある場合、覚えやすいように、「～の表現」としてまとめました。

●●● ことば ●●● のページの例

5　証言に立つ*：証人として事実を報告す	……見出し語：見出し語の意味
*対応する他動詞形は「証言に立てる」	……*注
・戦争で悲惨な経験をした人たちが証言	……・例文
立つ1	……基軸語1
§ある地位・立場・状況にいる	……§基軸語の意味
⇒頂点に～／間に～／先頭に立つ（グル 、〈比喩〉率先して行動する）	……⇒基軸語と結びつく語 〈比喩〉比喩的な意味
矢面に立つ〈慣用〉：質問や非難、攻撃を	……〈慣用〉慣用表現
立つ2	……基軸語2
§発生する	……§基軸語の意味
⇒波が立つ／煙が～／噂が～	
立てる2 ⇒波を立てる／煙を～／	……基軸語と対応する自動詞形・他動詞形
立つ2 * 立てる3 　p.76, 77参照	……他の意味の参照ページ
6　後ろ指を指される* 〈慣用〉：人から	……⇔対応する受動・能動
⇔後ろ指を指す	形や基本形
意識	
✧生物としての感覚の状態を表す表現	……✧ある事柄を表す表現

III　ルビについて

　漢字の読みを表すルビは、原則的に日本語能力試験出題基準 2 級レベル以上の漢字・語彙につけてあります。

目　次

まえがき

凡例

ユニット1

第1課　科学者の勇気 ……………………………………………………………1
　　　　目に入る　3　　脚光を浴びる　3　　横やりが入る　3
　　　　手直しを加える　3　　証言に立つ　4　　確信を持つ　6
　　　　しびれを切らす　6　　山場を迎える　6　　練習問題　7

第2課　地球温暖化 ………………………………………………………………9
　　　　軌道に乗せる　11　　折り合いがつく　12　　道筋がつく　14
　　　　カギを握る　14　　足並みをそろえる　14　　先頭に立つ　15
　　　　練習問題　16

第3課　環境アースデー …………………………………………………………19
　　　　身を滅ぼす　21　　疑念が育つ　21　　反響を巻き起こす　22
　　　　(体)にむち打つ　22　　決断を下す　23　　意見をさしはさむ　23　　責任を課す　23　　練習問題　25

第4課　都市近郊農地を残す ……………………………………………………29
　　　　心身ともに洗われる　31　　目をつむる　31　　お先棒を担ぐ　31
　　　　神話が崩れる　32　　鳴りをひそめる　33　　知恵を絞る　34
　　　　練習問題　35

ユニット1のまとめの問題 ………………………………………………………39

ユニット2

第1課　存在感を示せるか ………………………………………………………43
　　　　地に落ちる　45　　ひけをとらない　45　　展望を描く　45
　　　　亀裂が残る　46　　しこりを修復する　46　　かげりを見せ

る 47　　（重要）課題が山積する 47　　練習問題 48

第2課　民主党 …………………………………………………………………………51
　　　影が薄い 53　　存在感が高まる 54　　ビジョンを掲げる 54
　　　期待を込める 55　　失望を買う 55　　上げ潮に乗る 56
　　　（基礎）体力をつける 56　　一角が崩れる 57　　力を入れ
　　　る 57　　手を組む 58　　旗を掲げる 58　　歯止めが利か
　　　ない 58　　赤字が膨らむ 58　　練習問題 59

第3課　大阪五輪 …………………………………………………………………………63
　　　お墨付を得る 65　　拍車がかかる 65　　効果をもたらす 66
　　　熱を帯びる 66　　後ろ指を指される 67　　態度を貫く 67
　　　練習問題 68

第4課　お役所仕事 ………………………………………………………………………73
　　　融通がきかない 75　　腹を立てる 76　　危機意識の希薄さ 77
　　　俎上に載せる 79　　練習問題 80

ユニット2のまとめの問題 ………………………………………………………………83

ユニット3

第1課　先行き不安のメッセージ ………………………………………………………87
　　　下げ足を速める 89　　決算を締める 89　　息切れ気味であ
　　　る 89　　反応が鈍い 91　　値を崩す 91　　目に付く 92
　　　資金を株式に投じる 92　　株価の落ち込み 93　　足取りが
　　　おぼつかない 93　　冷水を浴びせる 94　　参院選を控える
　　　94　　信用を落とす 95　　練習問題 97

第2課　衰退を招く『即戦力重視』 …………………………………………………101
　　　危機感を抱く 103　　大義名分を掲げる 104　　目先の利益
　　　を追う 104　　将来を見通す 106　　薄日が差し込む 106
　　　活路を見い出す 107　　ピークを迎える 108　　腹を据える
　　　108　　練習問題 109

第3課　税制白書 …………………………………………………………………………113
　　　姿勢を貫く 115　　意欲がそがれる 116　　雪だるま式に膨

らむ 117　　その場しのぎ 118　　くぎを刺す 118　　歯切れが悪い 118　　練習問題 120

第4課　ロンドンはローカロリー ･･････････････････････････････････････ 123
　　　　冒頭を飾る 125　　拍車がかかる 126　　見切りをつける 126
　　　　お株を奪う 126　　練習問題 128

ユニット3のまとめの問題 ･･ 131

ユニット4

第1課　駅構内暴力 ･･･ 135
　　　　暴力を振るう 136　　鬱憤を爆発させる 137　　歯止めがかからない 138　　首都圏を抱える 138　　危機感を募らせる 139　　暴言を吐く 139　　練習問題 141

第2課　リハビリ学会 ･･･ 143
　　　　目につく 145　　腕が上がる 145　　言葉を濁す 146
　　　　目に見えない 147　　岐路に立つ 147　　練習問題 149

第3課　招き猫に時代の風 ･･･ 153
　　　　追い込みにかかる 155　　能率が上がる 155　　手間がかかる 156　　手を引く 156　　肩にかかる 156　　注文にこたえる 156　　風向きが変わる 157　　肩を並べる 158
　　　　練習問題 159

第4課　日本にも「新映像都市」を ･･･････････････････････････････････ 161
　　　　一語一語をかみしめる 164　　思いを深める 164　　8割を占める 166　　羨望の念を禁じえない 167　　国を挙げて 168　　すそ野が広い 168　　練習問題 169

ユニット4のまとめの問題 ･･ 171

ユニット5

第1課　技に生きる ･･･ 175
　　　　力を注ぐ 177　　先端を行く 179　　肩を寄せ合う 179
　　　　60%を占める 180　　危機に直面する 180　　被害を受け

る 181　工場に立つ 181　目を細める 181　練習問題 182

第2課　欧州に夢求めて……………………………………………185
　　　口が過ぎる 187　勘当を言い渡される 187　厨房に立つ 188　声が掛かる 188　転機が訪れる 189　神髄を究める 189　練習問題 190

第3課　禁煙………………………………………………………193
　　　手が出る 195　言い訳をひねり出す 195　風当たりが強い 195　害を及ぼす 196　喝采を浴びる 197　練習問題 198

第4課　中年の印…………………………………………………201
　　　心が動く 203　格好をつける 205　化けの皮がはがれる 207　気にする 207　見えを張る 207　練習問題 208

ユニット5のまとめの問題………………………………………211

総合問題……………………………………………………………215
語彙情報　[1] 28　[2] 152　[3] 192
ちょっとひといき　先進国並み 18　一理ある 50　いろいろな風が吹く 71　現代に残る昔の地名 72　お役所仕事 86　大所帯 86　比喩的名詞 96　四字熟語 112　四字熟語の答え 119　人を表す言葉(1) 140　人を表す言葉(2) 148　あなたは日本語の上手な使い手? 158　絵心 197

索引…………………………………………………………………225
解答…………………………………………………………………232

ユニット1　第1課

科学者の勇気
——かがくしゃのゆうき——

下の文章は次のページの記事を簡単に書き換えたものです。

　地球の温度が次第に高くなっていく現象、つまり「地球温暖化」を防止するための対策を話し合う会議が開かれる。しかし、1989年にすでにNASAのハンセン博士が地球温暖化を予測して(1)世間の関心を集めていた。当時、博士は米上院で、温暖化の現実をはっきりと証言するつもりであったが、政府はそのような証言を(2)妨げようとして、証言テキストを(3)部分的に直した。対策に金がかかりすぎるという理由であった。しかし博士は証言の場で勇気をもって真実を語った。それから11年あまりたったが、温暖化防止対策はなかなか進んでいない。(4)待ちきれなくなった博士は新聞に投書し、具体的な証拠をあげて、温暖化防止のために世界が努力するよう提案をした。博士の主張が今回の会議で賛同されることを願う。

　この文章の下線部の意味に近い表現になるように、□の中の言葉を使って言い換えてみましょう。

(1) 世間の関心を集める　　→　　脚光を〔　　〕
(2) （人が何かをすることに文句をつけて）妨げる
　　　　　　　　　　　　　→　　横やりを〔　　〕
(3) 部分的に直す　　　　　→　　手直しを〔　　〕
(4) 待ちきれなくなる　　　→　　しびれを〔　　〕

| a 加える　　b きらす　　c 入れる　　d 浴びる |

解答　　(1) d　　(2) c　　(3) a　　(4) b

科学者の勇気

英字新聞の投稿欄で懐かしい名前が目に入った。米航空宇宙局（NASA）ゴダード宇宙研究所のジェームス・ハンセン博士。地球温暖化を予測する気鋭の科学者だ。博士が一躍、脚光を浴びたのは1989年のことだった。米議会上院での証言で、博士は「温暖化はすでに起きている」と断言するつもりだった。だが温暖化対策に慎重な米政府から横やりが入った。博士の証言テキストを事前に点検した米政府が、「温暖化対策は経済的にも成り立つものであるべきだ」などの手直しを加えたのだ。これに対して、証言に立った博士はおじることなく言ってのけた。「科学をねじ曲げようとすることには反対だ」。その姿に、自説に確信を持つ科学者の勇気を見るような気がした。あれから11年余り。なかなか進まない温暖化防止対策にしびれを切らしたのだろう。今回の投稿の中でハンセン博士は、温暖化の原因となる化石燃料消費を減らし、水素エネルギー利用や、燃料電池に切り替えるよう促した。博士によると現在、人間の活動のせいで1平方メートル当たりに1〜2ワット分の熱が加わっている。悪くすると50年後には、さらに3ワット分の熱が加わる。そうした事態になれば、海面上昇や異常気象などで世界が困るのだから、世界が努力して未然に防止しようというのが博士の主張である。地球の未来を気遣う博士の思いが、今週末山場を迎えるハーグの気候変動枠組み条約第6回締約国会議で共鳴するのを願うばかりだ。

（朝日新聞　2000.11.21.）

●●●ことばの意味●●●

勇気 courage　　投稿欄 the readers' column　　米〜 American〜　　地球 the earth　　地球温暖化 global warming　　対策 a countermeasure　　予測する to predict　　気鋭の spirited　　一躍 suddenly　　脚光 footlight　　上院 the U. S. senate　　証言 testimony　　断言する to assert　　慎重な cautious　　事前に beforehand　　点検する to inspect　　手直し modification　　おじる to be seized by fear　　言ってのける to assert　　ねじ曲げる to distort　　自説 one's own opinion　　防止 prevention　　化石 fossil　　燃料 fuel　　水素 hydrogen　　電池 battery　　促す to urge　　ワット watt　　事態 the situation　　海面上昇 rising of sea level　　異常気象 unusual weather　　未然に before something happens　　山場 the climax, the critical moment　　気候変動枠組み条約締約国会議 the meeting of the signer countries of the United Nations Framework Convention on Climate Change　　共鳴する to sympathize with

●●●ことば●●●

1 目に入る：視界に入る
- 沿線にある看板はいやでも乗客の目に入るような場所に立ててある。
- 船が港に近づくと村人が手を振って出迎えている姿が目に入ってきた。

2 脚光を浴びる＊：世間から注目される
- 排気ガスが少なく燃費のよいハイブリッドカーが脚光を浴びている。
- 新進デザイナーの作った家具は新しい発想ときれいな色づかいで脚光を浴びている。

　＊「脚光を浴びせる」とは言わない。

|浴びる| p.94参照

3 横やりが入る＊：ある構想に対し第三者から文句を言われて妨げられる
　＊対応する他動詞形は「横やりを入れる」
- 公園で手作りのお菓子を売っていたら、保健所から許可なしではだめだと横やりが入った。
- 働く女性のために無料で子どもを預かっていたボランティア活動に役所は横やりを入れてきた。

4 手直しを加える＊：部分的に直す
- 私が作った俳句に先生が手直しを加えてくださったのでずっとよくなった。
- この計画には予算面で無理があったので、手直しが加えられた。

|加える|
§ある作用や動作などを与える
⇒**手加減を加える**（相手の程度にあわせて調節する）／手を〜（加工したり直したりする）／修正を〜（直す）／改良を〜／筆を〜（文章のおかしい所を直したり、不足を補ったりする）／危害を〜／攻撃を〜／熱を〜
- 今日のすもうの相手は子どもだから本気で勝負するとけがをするかもしれない。適当に手加減を加えてやれ。

- この子の作文には親が手を加えたような表現が見られる。
- お見合い写真はきれいに見えるように目などに修正を加えたものがある。
- 動物園のライオンは飼いならされているけれど、時には人間に危害を加えることがある。
- プラスティックには熱を加えると自由に変形する性質を持っているものもある。

5 証言に立つ：証人として事実を報告するために法廷などで話す
- 戦争で悲惨な経験をした人たちが証言に立ってその非道な行為を訴えた。
- 証言に立った人たちは、被告がまじめで正直な人間であると述べた。

立つ1

§ある場所や状況にいる

⇒ 先頭に立つ（グループの中で前の方に位置する、〈比喩〉率先して行動する）／先に〜／優位に〜／頂点に〜／上に〜／トップに〜（最も優れた地位になる）／間に〜（仲介する）／中に〜／苦境に〜（苦しい立場に置かれる）

立てる1 ⇒ 間に立てる／中に〜

- あの人は何かを計画すると、いつも先頭に立って実行してくれる。
- オリンピックの女子柔道で念願の金メダルを獲得したA子は世界の頂点に立った。
- ある事件がきっかけで気まずい関係が続いていたが、友人が間に立ってくれて誤解が解け仲直りすることができた。
- 円高のため輸出が伸びず苦境に立っている中小企業が多い。

矢面に立つ〈慣用〉：質問や非難、攻撃を直接受ける立場になる

- 先日工場で火事があったが、課長はその現場の責任者として非難の矢面に立っている。

岐路に立つ〈慣用〉：p.147参照

§その場所に象徴される行為をする

⇒ 教壇に立つ（教師として働く）／台所に〜（料理などをする）／店先に〜（仕事として店で働く）／選挙に〜（候補者として出る）

- あの人は30年勤めた会社で培った経営哲学を後輩に伝えるため今大学の教壇に立っている。
- たまに国に帰ると、母はいつも私のために台所に立って「おふくろの味」を作ってくれる。
- 社長は時々店頭に立って客の反応を直に体験している。
- 同じ活動グループの人たちに推薦されて、次回の選挙に立つことにした。

|立つ2|
§ 発生する

⇒ 波が立つ／泡が〜／湯気が〜／煙が〜／噂が〜／波風が〜（〈比喩〉もめごとがおこる）／青筋が〜（〈比喩〉激しく怒る）

|立てる2|⇒ 波を立てる／泡を〜／湯気を〜／煙を〜／噂を〜／波風を〜／青筋を〜

- 静かだった池の水面に風が吹いて小さな波が立った。
- 収穫の終った農村ではあちこちからもみがらを焼く煙が立っていた。
- 炊けたばかりのごはんから、ほかほかと湯気が立っている。
- 根も葉もない悪い噂が立ったため急に商品の売上が落ちることがある。真実を証明し売り上げを回復するのは大変だ。

火のない所に煙は立たない〈慣用〉：悪い噂が発生するには原因がある
- あのタレントは麻薬を吸っているという噂が立っているが、「火のない所に煙は立たない」のとおり、やはり疑わしいことをしていたそうだ。

§ 上手である*1

⇒ 弁が立つ（話が上手である）／腕が〜*2（物を作る技術が高い）／筆が〜（字や文章を書くのが上手である）

- あの人は弁が立つから、相手を説得する役目なら彼にまかせればいい。
- あの大工さんは腕が立つと評判でみんなが彼に家を建ててもらいたがる。
- 父親が書道の先生をしているせいか、あの子も小さいのに筆が立つ。

　　*1 この意味の場合、「立てる」は使わない。
　　*2「腕が立つ」は「腕がいい」とも言う。

|立つ3| |立てる3|　p.76参照

6 **確信を持つ**：絶対にそうだという自信を持つ
- 絵の具の分析結果から、この絵画はにせものだという確信を持った。
- 口頭試問ではどんな質問にも確信を持って答えられるように、よく準備しておきなさい。

|確信|
⇒ **確信を抱く**（確信を持っている）／**～を得る**（確信を持つようになる）／**～がある**
- 過去の実績から私はA氏が次の選挙で当選するという確信を抱いている。
- 実験を繰り返した結果、仮説が正しいという確信を得た。
- 研究発表では確信があるものだけについて報告したほうがいい。

7 **しびれを切らす**：我慢の限界に来る
- 流星の出現を1時間待ったが現れなかったのでみんなしびれを切らして帰ってしまった。
- A子は高校時代からつきあっていた人がいたが、彼のあいまいな態度にしびれを切らして、B夫と結婚することにした。

8 **山場を迎える**：事態が最も重要で緊張する場面に来る
- 会議も今日が最終日となり最も困難な問題についての交渉が山場を迎えた。
- 第三幕で主人公は探し求めていた恋人と再会し、ドラマは山場を迎える。

|山場|
⇒ **山場に来る**／**～にさしかかる**／**～を越える**
- 漁業権をめぐる話し合いが山場に来ている。
- CO_2削減のための対策は経費がかかるため、各国の思惑は異なっている。自国の利害を主張する国々を調停する協議が今、山場にさしかかっている。
- 難航していた会議も妥協案が成立し、やっと山場を越えた。

●●●練習問題●●●

1 左と右を結びなさい。
1 脚光を　　　　　a きらす
2 横やりが　　　　b 立つ
3 しびれを　　　　c 加える
4 矢面に　　　　　d 入る
5 手直しを　　　　e 浴びる

2 次の各文の（　）には適当な助詞を入れ、〔　〕には□から適当なものを選び、必要なら形を変えて入れなさい。
1 2日続いた会議も今日の議題で山場（　）〔　　〕。
2 新聞を読んでいたら、懐かしい名前が目（　）〔　　〕。
3 警察はあの男が犯人だという確信（　）〔　　〕いる。
4 この作文はどうも親が手（　）〔　　〕ようだ。上手すぎる。
5 ビール業界ではこのメーカーが売り上げのトップ（　）〔　　〕いる。

　a 立つ　b 持つ　c 迎える　d 入る　e 加える

3 次の各文の〔　〕に□から適当なものを選んで入れなさい。
1 〔　　〕の立つ大工の建てた家は100年経っても、ほとんど狂わないそうだ。
2 火のないところに〔　　〕は立たないと言われるから、あの話はまったく嘘ではないのだろう。
3 商品の売れ行きはそのコマーシャルに出演する俳優の人気とかかわるため、その俳優に悪い〔　　〕が立つとすぐそのCMは中止となる。
4 課長は神経質で、ちょっとした失敗にも〔　　〕を立てて怒るから、特に女性社員には評判が悪い。
5 狭い家に他人が同居することになり、今まで穏やかだった家庭内に〔　　〕が立ち始めた。

　a 波風　b 噂　c 青筋　d 腕　e 煙

4 次の会話の〔　〕に□から適当なものを選び、必要なら形を変えて入れなさい。

1　A：どうしてチャリティ・バザーが中止になったの？
　　B：学校からお金を扱う行事は中止するよう〔　　〕んだ。

2　A：これが今〔　　〕いるケータイか。
　　B：うん、画像も送れるんだよ。

3　A：部長は約束の時間に遅刻されたことがないね。
　　B：さすがに、人の〔　　〕人は、行いが模範的だね。

4　A：公園の掃除のボランティアかい？
　　B：うん、市がなかなかしてくれないので、みんなが〔　　〕、自分たちでやることになったんだ。

5　A：営業マンは1日中机の前に座っていなくてもいいからうらやましいよ。
　　B：何言ってるんだ。いつも顧客からの苦情の〔　　〕のは僕達なんだよ。

---
a　しびれを切らす　　b　横やりが入る　　c　脚光を浴びる
d　矢面に立つ　　　　e　上に立つ
---

5 次の語句が正しく用いられている文を選びなさい。

1　手直しを加える
　　a　料理に塩味が足りないので手直しを加えよう。
　　b　どうも車のエンジンの調子が悪いな。手直しを加えてみよう。
　　c　一年間雑誌に連載していた小説に手直しを加えて、本として出版した。

2　山場にさしかかる
　　a　電車はトンネルを抜けて山場にさしかかった。
　　b　今年は天候に恵まれリンゴの収穫量が山場にさしかかった。
　　c　テレビドラマが山場にさしかかったところで停電してしまった。

ユニット1　第2課

地球温暖化
――ちきゅうおんだんか――

下の文章は次のページの記事を簡単に書き換えたものです。

> 地球の気温が高くなる地球温暖化が進めば、人間を含む生物や自然に大きな影響を与える。それを防ぐ対策を(1)うまく進めなければならない。しかし、昨年11月にオランダで開かれた温暖化防止のための会議は、それぞれの国が自分の国の利益をまず一番に考え、他の国と(2)妥協することができなかったため、意見がまとまらなかった。会議は5月にボンで再び開かれるが、途上国をどのように温暖化防止対策に参加させるかという問題がある。中国やインドが先進国と同じ程度のエネルギーを使うようになれば、温暖化はいっそう速く進む。二酸化炭素（CO_2）を最も多く出している米国も「途上国の参加がない限り合意できない」と言っている。米国がどのような態度に出るかが、この対策が今後どうなるかを(3)決める手がかりとなる。先進国が(4)考え方や行動を一つにして資金を貸したり技術面で援助したりして、途上国が温暖化防止に積極的に取り組めるように持っていきたいものだ。日本政府も産業界と共に(5)他国をリードし見本を示すべきだろう。

この文章の下線部の意味に近い表現になるように、□の中の言葉を使って言い換えてみましょう。

(1) うまく進める　　　　　　　　　→　軌道に〔　　〕
(2) 妥協することができない　　　　→　折り合いが〔　　〕
(3) 解決のための重要な手がかりを持つ　→　カギを〔　　〕
(4) 考え方や行動を一つにする　　　→　足並みを〔　　〕
(5) 他をリードして見本を示す　　　→　先頭に〔　　〕

> a 揃える　　b つかない　　c 握る　　d 立つ　　e 乗せる

解答　　(1) e　　(2) b　　(3) c　　(4) a　　(5) d

地球温暖化―深刻さが一段と増してきた―

温暖化で起こる異常気象の頻発、農業生産量の減少、感染症の増加などがひどくなっている。海面上昇で水没する国が出るし、日本でも砂浜の消失などが起こるだろう。

「大変な時代に突入する」という意識を一人一人が持ち、温暖化防止の対策を早く**軌道に乗せる**必要がある。だが、世界の動きは鈍い。

昨年11月にオランダで開かれた気候変動枠組み条約第6回締約国会議（COP6）は決裂した。森林による二酸化炭素の吸収をどれだけ認めるかで**折り合いがつかなかった**のは各国が国益を優先させたからだ。

日本も温室効果ガスの削減目標達成のためできるだけ森林吸収に頼ろうとして譲らず、世界の環境NGO（非政府組織）から批判された。

COP6は5月にボンで再開される。森林吸収や温室効果ガスの排出枠を売買する排出量取引などのルールが決まり、97年のCOP3で採択した京都議定書発効の**道筋がついた**としても、なお問題が残る。

途上国をどう温暖化防止に参加させるかということと、最大の二酸化炭素排出国の米国が「途上国の参加がない限り京都議定書を批准しない」と主張していることだ。中国やインドが先進国並みのエネルギー消費国になれば温暖化は加速する。

未来世代のために先進国が森林吸収や排出量取引に過度に頼らず、省エネなど国内対策を徹底させることが必要だ。特に米国が**カギを握る**。ブッシュ新政権が温暖化対策に積極的になることを強く求めたい。

先進国が**足並みをそろえた**うえで資金援助や技術移転を充実させ、途上国が温暖化防止に前向きに取り組めるようにもっていきたい。

日本も中央省庁再編で新発足した環境省や経済産業省が、産業界を巻き込んで温暖化防止の**先頭に立つ**べきだろう。画期的な内容の京都議定書を採択したCOP3の議長国だったことを忘れてはならない。

（毎日新聞　2001.1.23.）

●●●ことばの意味●●●

異常気象 unusual weather　頻発 frequency　感染症 infectious diseases　砂浜 beach　〜に突入する to plunge into　意識 consciousness　温暖化 global warming　防止 prevention　対策 policy　軌道 track　気候変動枠組み条約 the United Nations Framework Convention on Climate Change　締約国会議 the meeting of the signer countries　決裂する to break down　二酸化炭素 carbon dioxide　国益 national interests　温室効果ガス greenhouse gas　削減 reduction　譲る to give way to　批判する to criticize　ボン Bonn (a city in Germany)　再開する to resume　排出 discharge　取引 deal　ルール rule　採択する to adopt　京都議定書 the Kyoto Protocol　発効する to take effect　途上国 developing country　批准する to ratify (a treaty)　エネルギー energy　過度に excessively　省エネ saving energy　足並み step　前向きに positively　中央省庁 ministries and government offices　再編 re-organization　発足する to set up　環境省 Ministry of Environment　経済産業省 Ministry of Economy, Trade and Industry　画期的な epoch-making　議長 chairperson

●●●ことば●●●

1 軌道に乗せる*：物事が順調に進んでいくようにする
　　＊対応する自動詞形は「軌道に乗る」
・新会社の経営を軌道に乗せようと、社員が力を合わせて頑張っている。
・日本に来て3ヶ月が過ぎ、ようやく日本での生活も軌道に乗ってきた。

[軌道]
⇒ 軌道を外れる（本来進んでいくべき道筋から離れて違った方向へ進む）／
　〜（を）修正する（進んでいくべき道筋を状況などに合うように直す）
・親が愛情を持ってしっかり見守っていれば、ある程度自由を与えても、子供が大きく軌道を外れることはない。
・とりあえずこの方針でやってみて、うまくいかなければ途中で軌道修正すればよい。

|乗せる1|

§その上に置いて運ぶ

⇒ルートに乗せる／電波に〜(放送する)

|乗る1|⇒ルートに乗る／電波に〜

- この本を一般の販売ルートに乗せるためには手続きが必要だ。
- その環境保護団体は、環境破壊が深刻化している地域の悲惨な映像を電波に乗せて世界各地に送り、環境保護の大切さを訴えた。

§あるものに調子を合わせて一緒に動くようにする

⇒音楽に乗せる／旋律に〜／リズムに〜

|乗る1|⇒音楽に乗る／旋律に〜／リズムに〜

- A子は美しいピアノの旋律に乗せて自分の作った詩を披露した。
- そのビデオでは、その地方の民族音楽に乗せて、有名な観光スポットが次々に紹介されていた。

§相手を思うとおりにさせる*

⇒うまい話に乗せる／甘い言葉に〜／おだてに〜

|乗る1|⇒うまい話に乗る／甘い言葉に〜／おだてに〜

- 「この土地は5年後には間違いなく2倍に値上がりする」という不動産屋のうまい話に乗せられてその土地を買ったが、一向にそんな気配はない。
- 「そちらをお召しになると、10歳は若く見えますね」という店員のおだてに乗って、つい高価なスーツを買ってしまった。

*受身で使われることが多い。

口車に乗せる〈慣用〉：うまい言葉でだます

- セールスマンの口車に乗せられてこんな高い宝石を買う契約書にサインしてしまった。

|乗る2||乗せる2| p.56参照

2 **折り合いがつく***：譲り合ってある線でお互いに納得する

*対応する他動詞形は「折り合いをつける」

- 今、家を探している。気に入った物件が見つかったが、価格の面で折り合いがつかず、交渉中だ。

・演劇をしたいという夢と、収入を得なければならないという現実との間で何とか折り合いをつけなければならない。

[折り合い]
⇒折り合いを見出す／〜を探る／〜を模索する／〜が悪い
・共同作業をする場合、価値観の全く違う者同士が折り合いを見出すのは難しい。
・できるだけ高く売りたいが、いくらぐらいまでなら買い手がつくのか、折り合いを模索している。

[つく1]
§今まで決まらなかったことがはっきりする
⇒目処がつく（物事の見通しや実現の可能性がはっきりする）／片が〜（物事の処理が終わる）／けりが〜（終わりになる）／勝負が〜／決着が〜／話が〜（話し合いでお互いにそれでいいと決める）／決心が〜／あきらめが〜／けじめが〜（立場がはっきりする）／区別が〜／見当が〜

[つける1]⇒目処をつける／片を〜／けりを〜／勝負を〜／決着を〜／話を〜／決心を〜／あきらめを〜／けじめを〜／区別を〜／見当を〜

・大規模な改築工事だったが、ようやく完成の目処がついたらしい。
・今日中に仕事に片がつけば、明日のパーティに出席する予定だ。
・3ヶ月間もめていた問題だったが、双方が妥協案を受け入れるという形で、ようやくけりがついた。
・新事実の発見が長い間の論争にようやく決着をつけた。
・留学すべきかどうか迷っていたが、恩師の一言で決心がついた。
・見合いした相手にはっきりと交際を断られたが、なかなかあきらめがつかない。
・親子で同じ会社に勤めるなら、ふるまいや言葉づかいに気をつけなければ、公私のけじめがつかない。

[つく2] [つける2] p.57参照
[つく3] p.145参照
[つく4] [つける4] p.206参照

3 道筋がつく＊：あることを実現するための段取りができる

　　＊対応する他動詞形は「道筋をつける」

・今回のわが国の首相とA国の大統領による会談では合意にまでは至らなかったが、合意への道筋はついた。
・和解への道筋をつけるため、一日も早く、両者が話し合う機会を持ちたい。

[道筋]
　⇒道筋を示す／～をたどる
・国民は政府が景気回復のための具体的な道筋を示すことを望んでいる。
・A社が今日のような発展を遂げるまでの道筋をたどってみたい。

4 カギを握る：物事の行方を決めたり、解決したりするための重要な手がかりを持つ

・現在行方不明のその男性がこの事件のカギを握っていると思われる。
・「無党派層」とよばれる、支持する政党を持たない人々が有権者の3割もいるが、その人たちが誰に投票するかが今回の選挙のカギを握る。

[カギ]
　⇒カギになる／～となる／～を見つける
・中心となる2人の選手の活躍がチーム優勝のカギになるだろう。
・今回の事件では目撃者の証言が犯人逮捕のカギとなった。
・なんとかこの問題を解くカギを見つけたい。

5 足並みをそろえる＊：多くの人や団体が一つの物事に対する考えや行動を同じにする

　　＊対応する自動詞形は「足並みがそろう」

・大手私鉄は足並みをそろえて運賃の値上げを行った。
・マンションの補修工事は、そこに住む人たちの足並みがそろわなければ行えない。

[足並み]
　⇒足並みが乱れる／～を乱す

- 今回の改革については、与党内でも強硬に反対する一派があり、足並みが乱れている。
- 集団で何かを行う際、個人的な都合で足並みを乱すようなことをしてはならない。

そろえる
⇒ 歩調をそろえる／声を～／拍子を～

そろう ⇒ 歩調がそろう／声が～／拍子が～

- この問題については同盟国が歩調をそろえて取り組んでいく必要がある。
- 教会に集まった人たちは、声をそろえて賛美歌を歌った。
- 祭に向けて猛練習したおかげで太鼓の拍子がそろうようになった。

口をそろえる〈慣用〉：多くの人が同じようなことを言う
- 留学生たちはみな、口をそろえて日本の物価は高いと言う。

耳をそろえる〈慣用〉：必要な金額を全部用意する
- ボーナスをもらったら、同僚から借りた10万円は、耳をそろえて返すつもりだ。

6 先頭に立つ〈比喩〉：他をリードして見本を示す
- この地域のボランティア活動は大学生たちが先頭に立って行っている。
- 我が家では日曜日になると父が先頭に立って庭仕事をしたものだった。

先頭
⇒ 先頭を行く／～を切る（多くのものの中で真っ先に何かを行う）

- バイオ技術の研究においては、A大学は国内の大学の先頭を行っている。
- B社では、業界の先頭を切って、新方式を導入した。
- C大学では、先日、多くの大学の先頭を切って入学試験が行われた。

立つ1 p.4参照

●●●練習問題●●●

1 左と右を結びなさい。
1　口車に　　　　　　a　行く
2　足並みを　　　　　b　そろえる
3　先頭を　　　　　　c　つける
4　目処を　　　　　　d　乗せる

2 次の各文の（　）にはA群から、〔　〕にはB群から適当なものを選び、必要なら形を変えて入れなさい。同じものを二度使ってもよい。
1　今年中に海外進出の（　）だけでも〔　〕おきたいものだ。
2　新事業を（　）に〔　〕のは大変なことだ。
3　経営者と労働者の間で賃金面での（　）が〔　〕ず、交渉は決裂した。
4　B社が今日の成功を収めるまでの（　）を〔　〕みたい。
5　時代のニーズにあった商品をどれだけ低価格で消費者に提供できるかが企業が生き残っていけるかどうかの（　）に〔　〕。

A群	a　折り合い　b　カギ　c　軌道　d　道筋
B群	a　たどる　b　つける　c　つく　d　なる　e　乗せる

3 次の各文の〔　〕に□から適当なものを選んで入れなさい。
1　AチームとBチームの実力は同じくらいで、試合はなかなか〔　〕がつかない。
2　関係者の間で〔　〕がつけば、すぐにでも計画を実行に移すつもりだ。
3　今の職場に不満はあるが、転職となると〔　〕がつかない。
4　非常に気に入った家があったが、高すぎる。予算の都合上、その家を買うことは無理だとわかっているが、〔　〕がつかない。

a　あきらめ　b　決心　c　話　d　勝負

4 次の会話の〔　〕に□□から適当なものを選び、必要なら形を変えて入れなさい。

1　A：お宅の息子さん、最近、ステキな車に乗ってらっしゃるわね。
　　B：ええ、まあ。お父さんやお母さんの送り迎えにも便利だからっていう〔　　〕られて、ついお金を出してやったんだけど、あの子ったら、もっぱらガールフレンドとのドライブに使ってるのよ。

2　A：今日は家族そろってお出かけですか？　いいですね。
　　B：ええ。「たまには外で食事でもしようよ」って、家内や子供たちが〔　　〕言うものですから。

3　A：先月借りたお金、来月には〔　　〕お返しします。
　　B：必ずそうしてくださいね。

4　A：子供を育てながら働くのって、たいへんでしょ？
　　B：そうね、育児の時間と仕事の時間の〔　　〕のが難しいわ。

5　A：昼休みなのに、ずいぶん頑張っているのね。
　　B：この仕事に〔　　〕、今晩の飲み会に行こうと思っているんだ。

6　A：この前、バレーボールの試合でA高校に行ったんだけど、すごくきれいでびっくりしちゃった。
　　B：そういえば、あの学校では上級生が〔　　〕、校内の美化に励んでいるそうよ。

```
a けりをつける    b 耳をそろえる    c 口をそろえる
d 口車に乗せる    e 先頭に立つ      f 折り合いをつける
```

ちょっとひといき　先進国並み

　物事の程度を表す際に、「〜並み」という表現を用いることがよくあります。これは「〜と同じ程度だ」という意味で、「〜」には名詞が入ります。
　先進国並み（先進国と同じくらい）欧米並み（欧米と同じくらい）人並み（普通の人と同じくらい）世間並み（世間の人々と同じくらい普通）
- かつては途上国といわれたA国も、今では都市部には高層ビルが立ち並び、先進国並みの発展を遂げている。
- 人並みの生活ができれば十分だ。特に金持ちになりたいとは思わない。

　十人並みの「十人」は「十人分」の意味ではなく、「一般的な人」という意味で、「顔立ちや能力が普通である」ということを表します。
- 人気女優のAは、顔立ちは十人並みだが、モデル出身だけあって、スタイルは抜群だ。

　ですから「あの相撲取りは十人並みの力で相手を投げ飛ばした」とは言いません。では「平年並み」とはどういう意味でしょうか。
- 天気予報によると、今年の夏の暑さは平年並みだそうだ。

　「いつもの年と暑さが同じ」とはよく考えてみると変ですね。いつのことでしょうか。天気予報の場合、「平年」とは過去30年の平均値を指すそうです。

ユニット1　第3課

環境アースデー
──かんきょうアースデー──

下の文章は次のページの記事を簡単に書き換えたものです。

> 米国の環境問題の研究家レイチェル・カーソンが書いた「沈黙の春」がアメリカ中の(1)人々の関心を引き、大きく動かしたのが1962年。カーソンは翌年、病気と闘いながら、環境汚染について講演を行った。その中で「人間は文明を発展させてきたが、その頭の良さが逆に(2)人間自身をダメにしようとしているのではないか。そんな(3)疑いの気持が大きくなりつつある」と述べた。「まだ生まれてきていない次の世代の人たちは、私たちが(4)決めることに対して(5)なにも意見を言うことができない。だから現代に生きる私たちが彼等に対して(6)持たされている責任は大変大きい」。カーソンは翌年4月に亡くなったが、この講演の内容を引き継いで、1970年4月22日、全米で2000万人が参加して第1回アースデー（地球の日）が開かれ、90年には、ブッシュ大統領が、政府として4月22日をアースデーにすると宣言した。

この文章の下線部の意味に近い表現になるように、☐の中の言葉を使って言い換えてみましょう。

(1) 世間の人々の関心を引き、動かす　→　大反響を〔　　〕
(2) （自分）自身をだめにする　→　身を〔　　〕
(3) 疑いの気持が大きくなる　→　疑念が〔　　〕
(4) これからどうするかはっきり決める　→　決断を〔　　〕
(5) 横から意見を言う　→　意見を〔　　〕
(6) 責任を持たせる　→　責任を〔　　〕

　a 課す　b さしはさむ　c 育つ　d ほろぼす　e 巻き起こす　f 下す

解答　　(1) e　(2) d　(3) c　(4) f　(5) b　(6) a

環境アースデー

「人間は時として利口すぎて、かえってわが身を滅ぼそうとしているのではないだろうか、という疑念が育ちつつあります——じつのところ、それには一理あるといえましょう」。

米国の環境問題研究家、レイチェル・カーソンの講演の一節だ。農薬による環境汚染を告発した「沈黙の春」が刊行され、全米に大反響を巻き起こしたのは1962年。63年、放射線治療で衰弱した体にむち打って彼女は1時間、環境汚染について語った。

カーソンは翌64年4月、56歳で亡くなったから最後の講演になった。遺言といってもいい。70年4月22日、全米で2000万人が参加して第1回アースデー（地球の日）が開かれたのはその延長線上にある。ニューヨークの目抜き通りから車を締め出し、初の歩行者天国を実現させたのもアースデーだ。

この運動によって大気浄化法、水質浄化法の制定、環境保護局（EPA）の設置が実現した。ブッシュ米大統領は90年、政府として4月22日をアースデーにすると宣言、EPAは「地球規模で考え、地域で活動を」のスローガンで積極的にアースデーに取り組んだ。

カーソンは後の世代に対する人間の責任について、最後の演説でこう述べている。「まだ生まれていない世代にとっての脅威ははかりしれないほど大きいのです。彼らは現代の私たちが下す決断にまったく意見をさしはさめないのですから、私たちに課せられた責任はきわめて重大です」（レイチェル・カーソン遺稿集「失われた森」集英社）

（毎日新聞　2000.4.22.）

●●●ことばの意味●●●

利口な clever　　疑念 doubt　　レイチェル・カーソン Rachel Carson　　講演 lecture　　一節 a passage　　農薬 agricultural chemicals　　環境汚染 environmental pollution　　告発する to accuse　　「沈黙の春」The Silent Spring (title of Carson's book)　　刊行する to publish　　放射線治療 radiotherapy　　衰弱する to be weakened　　遺言 will, dying wish　　アースデー Earth Day　　延長線上 (Earth Day) was on extension of (Carson's lecture)　　目抜き通り main street　　締め出す to shutout　　実現する to realize　　歩行者天国 mall　　大気浄化法

the Clean Air Act　　水質浄化法 the Clean Water Act　　設置 establishment　ブッシュ大統領置 President Bush (1988-92)　　宣言する to declare　　地球規模 on a global scale　　スローガン slogan　　積極的に actively　　取り組む to tackle　　世代 generation　　脅威 threat　　遺稿 posthumous manuscript

●●●ことば●●●

1　**身を滅ぼす**：将来をなくすほど自分をだめにする
- 一時期大変人気のあった歌手のＡも麻薬によって身を滅ぼしてしまった。
- 酒の飲み過ぎが原因で身を滅ぼす人は少なくない。

2　**疑念が育つ**：疑いの気持が心の中で大きくなる
- 就職して３年が過ぎた頃から社会の悪ばかりを見つめる仕事に疑念が育ってきた。それが転職の理由だ。
- 研究を進めるうちに、これまでの通説に対する疑念が育ち始めた。

疑念
❖疑念がある表現
⇒**疑念が生まれる／〜を生む／〜が生じる／〜が浮かぶ**（疑いの気持が心の中に起こる）／**〜を抱く**（疑いの気持を持つ）／**〜が深まる／〜を強める／〜が残る／〜を残す／〜がつきまとう**（疑いの気持がつねに心から離れない）
- 質問に対する答え方を見ていたら、この人は本当のことを話しているのだろうかという疑念が生まれてきた。
- ヘルパーや盲導犬が不足しているのに、積極的に育成しようとしない今の政府の福祉政策には疑念を抱いている。
- 本当かどうかはまだわからないが週刊誌のスクープ記事によってＡ氏に対する疑念がいっそう深まった。

❖疑念がなくなる表現
⇒**疑念が晴れる**（疑いの気持がなくなる）／**〜を晴らす**（疑いの気持を取り除

く)／〜が薄まる／〜を一掃する（疑いの気持をすべて取り除く）
- 無実を証明する証拠が確認されたことによって、その人に対する疑念が晴れた。
- 不正な取引があったのではないかという市民の疑念を一掃するため市は帳簿を公開することにした。

3 反響を巻き起こす：ある出来事に反応して、人々がさまざまな意見を述べたり、動きを見せたりすること
- 職業を持ち自由に恋愛するというA子の生き方はまだ封建的だった当時の社会に大きな反響を巻き起こした。
- A社が開発した新製品は世界中に大きな反響を巻き起こした。

反響

⇒反響がある／〜を呼ぶ
- ある障害者の自立を描いたドキュメンタリー番組を放送したところ、大きな反響があった。
- 今回のキャンペーンに対しては、今ひとつ反響がなかった。
- 魔法を使う少年の話は久しぶりのファンタジー小説として大きな反響を呼んでいる。

巻き起こす

⇒論争を巻き起こす／混乱を〜／旋風を〜／センセーションを〜
- 原子力発電所建設計画は、地元住民の間に論争を巻き起こした。
- 4時間にもおよぶ停電は都市生活に大混乱を巻き起こした。
- これまでの定説を覆すB教授の論文は学会に旋風を巻き起こした。

4 （体）にむち打つ*：〈比喩〉むちで打つように、自分自身を励ます様子
- 多額の借金を返済するため、C子は体にむち打って昼夜を問わず働いている。
- D君は病身にむち打って、遠路はるばる私に会いに来てくれた。
  *「〜にむち打って」の形で用いる。

5 決断を下す：これからどのようにするのかをはっきり決める
- 危険を覚悟で計画を推し進めるか、それとも断念するか、決断を下すときが来た。
- 業績の悪化に伴い、社長は大幅なリストラを行う決断を下した。

下す
⇒決定を下す／結論を～／診断を～／判断を～／評価を～／判決を～／命令を～
- 3時間におよぶ話し合いの末、計画は延期するとの決定が下された。
- 診察の結果、医師はただの風邪だという診断を下した。
- 最高裁判所は、被告に対し無罪の判決を下した。

手を下す〈慣用〉：他人にやらせるのではなく自身で行う
- 社長自らが手を下して今回の問題の解決に当たった。

手の下しようがない〈慣用〉：病気やけがを治したり、具合の悪いものを直したりする方法がない
- けがの程度はひどく、一目見るなり手の下しようがないとわかった。

6 意見をさしはさむ：第三者などが横から意見を言う
- Aさんはなんでも一人で勝手に決めてしまうので、意見をさしはさむ余地がない。
- OBとして、会のあり方について現役員会に一言意見をさしはさんだ。

さしはさむ
⇒口をさしはさむ（他人の話などに割り込む）／異議を～（他人の意見に別の考えを割り込ませる）／疑いを～
- 夫婦げんかなどに部外者が口をさしはさむと、かえって話が混乱するだけだ。
- 会議の席で提出された予算案に対し、A氏が異議をさしはさんだ。

7 責任を課す：責任を持たせる
- もし子供に大人と同様の自由を与えるなら、義務と責任も課すべきだ。
- 環境を守るため、生産者に製品のリサイクルなどの責任を課す法律が

作られた。

|責任|
⇒ **責任がある**／**〜を負う**／**〜を取る**／**〜を果たす**／**〜を逃れる**／**〜を転嫁する**（本来持つべき自分の責任を他人の責任にする）／**〜を問う**／**〜を追及する**

・子供を持つ以上、親は子供が成人に達するまで責任を負わなければならない。
・経営不振の責任を取って社長が辞任するケースがある。
・あの人はうまくいかないことがあると、いつも人のせいにして責任を逃れようとする。
・多数の食中毒被害者を出した食品会社の幹部は、その責任を問われることになった。

|課す|*
⇒ **税金を課す**／**宿題を〜**／**課題を〜**／**義務を〜**／**ノルマを〜**（達成しなければならない仕事の量を与える）／**任務を〜**／**罰金を〜**／**ペナルティを〜**

・土地・家屋などの所有者には、税金が課せられる。
・A先生は毎時間、学生たちにレポートの宿題を課すことにしている。
・どの生命保険会社でも、セールスレディーたちは毎月決まった数の新規契約を取るようノルマを課せられているそうだ。

　＊「課する」ともいう。

●●●練習問題●●●

1 左と右を結びなさい。
1 身を　　　　a 課す
2 体に　　　　b 下す
3 疑念が　　　c さしはさむ
4 決断を　　　d 育つ
5 責任を　　　e ほろぼす
6 意見を　　　f 巻き起こす
7 反響を　　　g むち打つ

2 次の各文の〔　〕に□から適当なものを選び、必要なら形を変えて入れなさい。
1 Aさん夫婦は子供たちが独立した今、これで親の責任は〔　〕と言って自分たちの生活を楽しんでいる。
2 部下の不始末の責任を〔　〕、課長が辞職した。
3 自分に都合が悪くなると、すぐ他人に責任を〔　〕のは、あの人の悪い癖だ。
4 部下の一人は自分だけ責任を〔　〕ようとして、自分は何も知らされていなかったと主張した。

a 果たす　　b 取る　　c 逃れる　　d 転嫁する

3 次の各文の〔　〕に□から適当なものを選び、必要なら形を変えて入れなさい。
1 会社のやり方には以前から疑念を〔　〕いたが、今回の人事の一件でさらにそれが〔　〕。
2 私がA君を裏切ったのではないかという友人の疑念を〔　〕ため、会って話をすることにした。
3 Bさんの話を聞いて疑いは多少〔　〕ものの、まだ完全に〔　〕

わけではない。

a 抱く　b 薄まる　c 晴らす　d 晴れる　e 強まる

④ 次の各文の（　）に□□から適当なものを選んで入れなさい。
1　多くの国では自動車を所有する人には〔　〕が課せられることになっている。
2　「履修指針」には「「日本事情」は留学生対象の科目である。受講者には毎回レポートの〔　〕が課せられる。評価は出席点とレポートの成績による。」と書かれている。
3　路上に車を止めておくと、駐車違反の〔　〕が課せられる。
4　日本では国民には税金を納めることのほかに、子供に教育を受けさせる〔　〕も課せられている。
5　その自動車販売会社では、一人が毎月5台の新車を売るという〔　〕を社員に課している。

a 義務　b 宿題　c 税金　d 罰金　e ノルマ

⑤ 次の各文の（　）に□□から適当なものを選んで入れなさい。
1　裁判では、正当防衛が認められ、無罪の〔　〕が下された。
2　検査の結果、軽度の肺炎であるとの〔　〕が下された。
3　昨日の役員会で社長は来年度から新方式を採用するという〔　〕を下した。
4　天候が悪化したため、隊長は涙ながらに遭難者の捜索活動を打ちきるとの〔　〕を下した。
5　学生たちのこれまでの活動について、社会に大きく貢献するものであったとの〔　〕が下された。

a 決断　b 決定　c 診断　d 判決　e 評価

6 次の各文の〔　〕に□□から適当なものを選んで入れなさい。
1 人々の意見が一致せず、〔　〕並みが乱れている。
2 あの人はお酒で〔　〕を滅ぼしたそうだ。
3 部外者は〔　〕をさしはさまないでください。
4 A子は学費を稼ぐため、夜も疲れた〔　〕にむち打って働いている。
5 ガンも末期となるとどんな名医も〔　〕の下しようがないといわれている。

```
a 足　　b 体　　c 口　　d 手　　e 身
```

7 次の各文の〔　〕に□□から適当なものを選び、必要なら形を変えて入れなさい。
1 あの会社も倒産してしまった。社長の無計画な経営方針が〔　〕わけだ。
2 賛成多数の中で〔　〕のは、勇気が要る。
3 B氏の行動には謎が多く、つねに〔　〕。
4 ルールを徹底させるには、違反者に厳しく〔　〕ことだ。
5 米国の大物歌手の来日は、日本の若者たちの間に〔　〕いる。

```
a 異議をさしはさむ　　b 疑念がつきまとう　　c ペナルティを課す
d センセーションを巻き起こす　　　　　　e 身を滅ぼす
```

●●● 語彙情報1 ●●●

意志性のない他動詞を持つ連語 (1)

　日本語は比較的「自動詞・他動詞」の区別がはっきりしています。「自動詞」とは「何かがそうなった」という表現をするもので目的語を持たない動詞です。一方、「他動詞」とは目的語を表す助詞「を」をとるもので、「主語が意志的にそうする」ということを表す動詞です。しかし連語の中には、連語を作る動詞が他動詞でありながら、ひとまとまりの言葉として「意志的にそうしようと思ってする動作」を表さないものがたくさんあります。「語彙情報」ではそうした例外的なものを集めてみました。本書で扱ったものの例は太字で示しました。

(1)生理的な動作や体の一部の動きを表すもの
　多くの場合、生理的な現象や、「音、光、匂い」などを発散させる動作あるいは体の一部の動きを表す言葉です。これらの連語は意向形になりません。

> 例） 汗を光らせる　　**青筋を立てる**　　**息をひきとる**　　肩で息をする
> 　　　髪をなびかせる　**しびれを切らす**　　涙を流す　　　　目を回す

　次の例文の下線部の動詞は他動詞ですが、（　）の中に示したように自動詞で言い換えても意味は変わりません。
①ダンサーは額に汗を光らせながら、情熱的に踊っている。
　（ダンサーが踊っている。その額には汗が光っている）
②課長は部下の度重なるミスに青筋を立てて怒った。
　（課長はひどく怒っていて額には青筋が立っていた）
③おじいさんは家族に見守られて息をひきとった。
　（家族に見守られて死んだ）
④A子はB夫のあいまいな態度にしびれを切らして、C男と結婚した。
　（A子はB夫の態度にしびれが切れた。それでC男と結婚した）
⑤Aさんは感想を聞かれ感激のあまり涙を流しながら、喜びを語った。
　（感想を聞かれて喜びを語ったAさんの目から涙が流れていた。）

(p.152に続く)

ユニット1　第4課

都市近郊農地を残す
——としきんこうのうちをのこす——

下の文章は次のページの記事を簡単に書き換えたものです。

都市から緑が残る郊外に行くと(1)心も体も生まれ変わったような気分になる。しかしこの緑はこのままでは荒れてゆくかもしれない。土地の価格が上がり続けていた1980年代に、土地を安く買い高く売って儲ける地上げ屋と呼ばれる人たちが、郊外の農地を買ってどんどん住宅用の土地や商業地にしていったからだ。そしてそれを進めたのは、そうした行為を批判せず(2)軽々しく地上げ屋を支援していた多くのエコノミストたちでもある。その後土地の価格が下がり続け、今では土地が(3)絶対であるとする考え方が否定されている。今、これまでのような地上げ屋に味方するような説は(4)表面的にはなくなった。しかし、農地はなお減り続けている。それは土地を相続すれば高い税金を払わねばならず、その代わりとして農地の約半数が国に差し出されているからである。都市近郊の農地を守る方法を(5)何とか考え出したいものだ。

この文章の下線部の意味に近い表現になるように、□の中の言葉を使って言い換えてみましょう。

(1) 心も体も生まれ変わったように感じる　→　心身ともに〔　　〕
(2) 軽々しく人に協力して働く　　　　　　→　お先棒を〔　　〕
(3) 絶対であるという考え方が否定される　→　神話が〔　　〕
(4) 表面的にはなくなる　　　　　　　　　→　鳴りを〔　　〕
(5) 何とかしてよい案を考え出す　　　　　→　知恵を〔　　〕

　a　ひそめる　　b　担ぐ　　c　絞る　　d　洗われる　　e　崩れる

解答　　(1) d　　(2) b　　(3) e　　(4) a　　(5) c

都市近郊農地を残す

　都心のビル街から土と緑が残る郊外に移動すると心身ともに洗われほっとする。土地価格が高騰を続けていた1980年代、その都市近郊農地・遊休地を住宅や商業施設のために吐き出させようとして、「宅地並み課税」の主張がかまびすしかった。

　心身がいやされるとか保水機能がある、といったふうな土と緑が持つ外部経済的価値に目をつむり、地上げ屋のお先棒を担ぐようなエコノミストたちの大合唱を苦々しく思っていた人は少なくないはずだ（実は私もその一人）。土地価格が下落し続け、土地神話が崩れた今、そうした論は鳴りをひそめた。むしろ保全論が聞こえるようになった。東京都の市街化区域内に農地を所有する農家は98年時点で1万1333戸、6年前の92年に比べて農家数で1180戸、農地面積で509ヘクタール（農家数で2720戸）も減った。農家・農地減少の原因の一つは相続税が支払えないための物納処分（まだ十分高いのだ）で、土地面積では58.9％にも達しているという。

　かつて開発のキバにさらされた都市近郊の土と緑は、今度は人馬の入らない荒廃の危機を迎えようとしている。地域共同体のストックとして、保全の知恵をさらに絞りたいものだ

(毎日新聞　2001.2.18.)

●●●ことばの意味●●●

近郊 the suburbs　　農地 farmland　　都心 the city center　　郊外 the suburbs　　高騰 a jump in price　　遊休地 idle land　　商業施設 commercial facilities　　吐き出す to give up　　宅地 land for housing　　課税 taxation　　かまびすしい loud　　保水機能 capacity to retain water　　外部経済的価値 external economic value　　経済的 financial　　地上げ屋 real estate speculator　　エコノミスト economist　　大合唱 chorus　　苦々しく disgustedly　　下落する to fall　　論 theories　　保全論 the theory of preservation　　区域内 inside the boundaries　　所有する to own　　時点 at the time　　農家 a farmhouse　　戸 the counter for houses　　ヘクタール hectare　　相続税 inheritance tax　　物納処分 disposed of payment in kind　　達する to amount to　　キバにさらされる to put something in danger　　人馬の入らない uninhabitable　　荒廃 devastation　　危機 a crisis　　地域共同体 local community　　ストック property

●●●ことば●●●

1 心身ともに洗われる：心も体も新しく生まれ変わったように感じる
- 騒がしく忙しい都会を離れ故郷に帰ると心身ともに洗われ、リフレッシュすることができる。
- 美しい音楽を聞くと心身ともに洗われる思いがする。

洗う
§汚れを落とす、〈比喩〉不純なものがなくなる
⇒**心が洗われる**＊1（心がきれいになる）／**身も心も洗われる**＊2
- いやなニュースが多い中、新聞の片隅に載ったすがすがしいエピソードに心を洗われた。
- 教会で神父さんのお話を聞いて、身も心も洗われたように感じた。

＊1、＊2「心が洗われる／身も心も洗われる」は常に受身形で用いる。

芋の子を洗う＊3〈慣用〉：人が多くて混雑しているようす
- 夏休み中は、どこの海も芋の子を洗うような混雑ぶりだ。

＊3「芋の子を洗うような」の形で用いる。海やプールなどの混雑に使うことが多い。

§秘密や悪い点を明らかにする
⇒**身許を洗う**（その人について調べる）／**行動を～**（どんな行動をしたか調べる）
- A氏の正体を知るために、探偵は彼の身許を洗った。
- 警察は犯行当日のA氏の行動を徹底的に洗った。

2 目をつむる＊：悪い点や失敗などを知っていながら認める
- 君の失敗は許されない事ではあるが、今回に限り目をつむろう。
- どのホテルも満室だから、泊まれる所ならどこでもよい。宿泊費の高さには目をつぶろう。

＊「目をつぶる」ともいう

3 お先棒を担ぐ：軽々しく人に協力して働く
- 政党のお先棒を担いで、理論的には矛盾のあることでも平気で主張し

ている学者がいる。
- 当時のA夫は急進的なリーダーのお先棒を担いで全てに反対していた。

|担ぐ|
§物を肩の上に乗せて支える
⇒みこしを担ぐ／片棒を〜（軽々しく人に協力して働く）／（人を役職）に〜（人を役職につける）
- 最近この地方も若い人が少なくなってしまい、村祭のみこしを担ぐ人もよそから来る祭好きの人たちらしい。
- あの男もその詐欺の片棒を担いでいたらしく、警察に捕まってしまった。
- その党は知名度のあるジャーナリストを候補者に担ぎ出して選挙戦をたたかうつもりだ。

§迷信や縁起などを気にする
⇒縁起を担ぐ（縁起の良い悪いを気にする）／験を〜（縁起の良い悪いを気にする）
- あのピッチャーは試合の時はいつも縁起を担いで、初勝利した時のボールを試合場に持っていくそうだ。
- 母は私が高校生の時、野球の試合に勝つようにと験を担いでお弁当にトンカツを入れてくれた。

4 神話が崩れる：絶対であると思っていたものが否定される
- 最近、日本では大学さえ出ていれば出世できるといった高学歴神話が崩れつつある。
- 経済発展優先主義といった経済神話が崩れる時こそ、新しい世界の到来の時だ。

|崩れる|
⇒スタイルが崩れる（スタイルが悪くなる）／型が〜／バランスが〜／足並みが〜（みんなの進む速さが揃わない）／天気が〜*（天気が悪くなる）／株価が〜（株の値段が下がる）／（紙幣が）小銭に〜（同額の小銭に替えることができる）／一角が〜（p.57参照）

|崩す|⇒スタイルを崩す／型を〜／バランスを〜／足並みを〜／株価を

～／値を～（p.91参照）／(紙幣を) 小銭に～／一角を～（p.57参照）
＊「天気を崩す」とは言わない。
- ジャケットを椅子にかけておくと型が崩れるからちゃんとハンガーにかけておきなさい。
- 食生活のバランスが崩れてしまうと、心身ともに影響が出るので注意したほうがよい。
- 今度のプロジェクトは最後まで足並みを崩さないように、みんなで助け合ってやろう。
- 台風が近づいているので、明日から天気が崩れるそうだ。
- 電話をかけたいんですが、10円玉に崩れますか。

ひざを崩す〈慣用〉：正座をやめて足を伸ばす
- 「正座は疲れますからひざを崩して下さい」「ありがとうございます」

相好を崩す〈慣用〉：うれしくてにこにこする
- 老夫婦は久しぶりに会う孫の顔を見て相好を崩していた。

5　**鳴りをひそめる**：表面的には静かになる
- あの暴力団は今は鳴りをひそめているが、いつまた事件を起こすかわからない。
- その火山は今は鳴りをひそめているが、100年以内に噴火するだろうと言われている。

ひそめる
⇒ 身をひそめる（隠れる）／声を～（小さな声で話す）／息を～（他人に聞かれないように息をする）／影を～（好ましくない事物が表面から姿を消す）
- 少年はずっとカーテンの後ろに身をひそめて、家から泥棒が出て行くのを待っていた。
- 二人は声をひそめて話をしていた。他の人に聞かれたくない内容らしい。
- 容疑者が出てくるまで、刑事は木の陰に息をひそめて隠れていた。
- 最近この学校では校内暴力が影をひそめた。

6　知恵を絞る：いい案が出せるように一生懸命考える

- これは、私なりにない知恵を絞って考えた結論だ。
- 新製品をどうやって売り出せばよいか担当者は知恵を絞った。

【知恵】

⇒**知恵を貸す**（いいアイデアを教えてあげる）／**～を借りる**（いいアイデアを教えてもらう）／**～をつける**（よくない考えを教える）／**～が回る**（いろいろなことによく気がつく）／**～を働かす**（いい方法を考える）／**～がつく**（幼児が物事がわかってくる）

- 野良ネコが庭を荒らして困っています。何かいい知恵があれば、貸してください。
- 服についたしみを上手にとる方法がないか、おばあちゃんに知恵を借りることにしよう。
- こんなひどい犯罪は幼い子ども一人では無理だ。きっと誰か大人が知恵をつけたんだろう。

【絞る】

§出て来ない物を苦労して出す

⇒**のどを絞る**（一生懸命声を出す）／**力を～**（持っている力を全て出し切る）

- 選挙の前日、候補者はのどを絞って有権者に訴えた。
- 体力は限界に達していたが、最後の力を絞りゴールを目指した。

§広がっている物の範囲を狭くしたり小さくしたりする

⇒**目標を絞る**／**焦点を～**／**テーマを～**／**音量を～**／**音を～**

- まだ若いのでいろいろやりたいことはあるだろうが、今は目標を一つに絞って頑張りなさい。
- レポートを書くときはテーマを1つに絞ってから、書くように。
- 近所迷惑になるので、ステレオの音量をもっと絞ったほうがいいよ。

●●●練習問題●●●

1 左と右を結びなさい。
1 お先棒を　　　　　a 崩れる
2 心が　　　　　　　b 絞る
3 声を　　　　　　　c ひそめる
4 知恵を　　　　　　d 洗われる
5 バランスが　　　　e 担ぐ

2 次の各文の｛　｝から正しいものを選びなさい。
1 この際、少々のことには目を｛a つむる　b 落とす　c 止める｝つもりだ。
2 A夫は密輸グループの片棒を｛a 持っていた　b 担いでいた　c 置いた｝らしい。
3 バブル期のころとは違い、地上げ屋たちは鳴りを｛a ひそめて　b 止めて　c 落として｝しまった。
4 警察は何もしゃべらない容疑者の身許を｛a 洗って　b 見て　c たたいて｝いる。
5 ダム建設反対運動で突然賛成派に回る人が出たので、みんなの足並みが｛a 崩れて　b なくなって　c 少なくなって｝しまった。
6 昨日自転車にのっていた時バランスを｛a とって　b 崩して　c 落として｝倒れてしまいけがをした。

3 次の各文の〔　〕に▭から適当なものを選んで入れなさい。
1 人に知られては困る話なので〔　　〕をひそめて話した。
2 喧嘩好きの乱暴者として知られていたA夫も最近は年のせいかすっかり〔　　〕をひそめている。
3 警官は犯人の背後から〔　　〕をひそめて近づき一瞬のうちに銃を奪い取った。
4 ライオンは岩陰に〔　　〕をひそめて獲物が近づくのを待っている。

5 バブルの頃と違って、宗教とは関係のない派手なクリスマスパーティは〔　　〕をひそめたようだ。

a 身　　b 影　　c 声　　d 息　　e 鳴り

4 次の各文の（　　）には適当な助詞を入れ、〔　　〕には⬚から適当なものを選び、必要なら形を変えて入れなさい。同じものを二度使ってもよい。

1 まあこの値段なら、多少の料理のまずさには目（　）〔　　〕しかないだろう。
2 女性オペラ歌手の天使のような歌声に心（　）〔　　〕ように感じた。
3 縁起（　）〔　　〕、結婚する日を選ぶ人が多い。
4 天気予報では今日は午後から天気（　）〔　　〕と言っていたので、傘を持って行った方がいいよ。
5 最近消費者の目が厳しくなり、商品の誇大広告は影（　）〔　　〕ようだ。
6 問題を解決するのに3人集まって知恵（　）〔　　〕が、名案は出てこなかった。
7 いろいろ意見がでましたが、この中からテーマ（　）〔　　〕、話し合うことにしましょう。

a 絞る　b 洗う　c ひそめる　d つぶる　e 崩れる　f 担ぐ

5 次の各文の下線部を⬚から選んだものを用い、〈ことば〉で扱われている形にして言い換えなさい。同じものを二度使ってもよい。

1 優秀な人材だから礼儀知らずなところは<u>許すことにしよう</u>。
〔　　　　　　　〕
2 皆でいい方法がないか<u>一生懸命</u>考えた。
〔　　　　　　　〕
3 人に聞かれないように、<u>とても小さな声で</u>話した。
〔　　　　　　　〕

4 A夫にこんなずるい方法を教えたのはだれだろう。
〔　　　　　〕

5 Bさんはなしとげるべきことを1つに決めるべきだ。
〔　　　　　〕

6 猛暑の日に近所のプールに行ったら、とても混んでいた。
〔　　　　　〕

7 クラシック音楽は音を小さくして聞くと迫力がない。
〔　　　　　〕

a 目　　b 目標　　c 声　　d 音　　e 知恵　　f 芋の子

6 次の語句が正しく用いられている文を選びなさい。

1 焦点を絞る

a 焦点を絞って見るために、テレビの音量も絞った。

b Aさんはスピーチの時、焦点を絞って話すので分かりにくい。

c 作文を書くときは、書きたいことの焦点を絞って書くと、分かりやすい文になる。

d 手紙は焦点を絞って書くと、相手に言いたいことが伝わらないことが多い。

2 神話が崩れる

a 練習量を多くすれば強くなるという忍耐神話が崩れてひたすら練習するという方法がスポーツ医学的にも認められるようになった。

b 大国神話が崩れ、どの国も皆大国になってしまった。

c 経済最優先の経済神話が崩れ、今日のような発展した国となったわけである。

d 高学歴神話が崩れつつある今、学歴より技術や技能の方が評価されるようになった。

3 片棒を担ぐ

　a　あの子は不良グループの片棒を担いで、他の学生からお金を取っていたらしい。

　b　娘や息子まで妻の片棒を担いで、父親である私を尊敬している。

　c　B夫は競争相手のA社の片棒を担いで、うちの社にA社の秘密情報を教えてくれた。

　d　母はよく片棒を担ぐので、毎日かかさず神社にお参りする。

●●●ユニット1　まとめの問題●●●

1. 次の各語のグループに共通に使われる言葉を□から選び、（　）には適当な助詞を入れなさい。

1　税金〜　　ノルマ〜　　課題〜　　義務〜　　（　）〔　　〕
2　波〜　　　煙〜　　　　筋道〜　　噂〜　　　（　）〔　　〕
3　口車〜　　計略〜　　　おだて〜　電波〜　　（　）〔　　〕
4　息〜　　　声〜　　　　影〜　　　身〜　　　（　）〔　　〕
5　結論〜　　決定〜　　　判断〜　　判決〜　　（　）〔　　〕
6　話〜　　　決着〜　　　決心〜　　片〜　　　（　）〔　　〕
7　足並み〜　スタイル〜　バランス〜　天気〜　（　）〔　　〕

```
a 下す　b 課す　c 乗せる　d つく　e ひそめる
f 立つ　g 崩れる
```

2. 次の各文の（　）に□から適当なものを選び、必要なら形を変えて入れなさい。

1　周囲の反対が強かったけれど、A子は自分の意志を〔　　〕初恋の人と結婚した。
2　結婚して親になると養育という責任が〔　　〕、その責任を〔　　〕ためには独身時代のように気ままに暮らすことができなくなる。
3　「ファッションの一つなのだから髪を染めてもいいじゃないか」といった生徒の一言が、生徒と保守的な教師との間に論争を〔　　〕。
4　オリンピックで自分の国の選手たちが出場するとなると、テレビの前のファンの応援も熱を〔　　〕くる。

```
a 生じる　b 貫く　c 帯びる　e 巻き起こす　f 果たす
```

3 次の各文の〔 〕に□から適当なものを選んで入れなさい。同じものを二度使ってもよい。

1 模擬試験の結果がよかったのでA子はきっと志望校に合格するだろうという〔　　〕を得た。
2 今回の受賞で、B男は一躍〔　　〕を浴びることになった。
3 目撃者の証言が、犯人逮捕の〔　　〕となった。
4 投票日が2日後となり、選挙戦も〔　　〕を迎えた。
5 難問を解く〔　　〕を見つけるため、みんなで〔　　〕を出し合った。
6 一週間待ったが返事がないので、とうとう〔　　〕を切らし、自分のほうから電話をかけてみることにした。
7 関係各国の〔　　〕がそろわないかぎり、国際的な問題は解決しない。
8 問題の発生に伴い、これまでどおりプロジェクトを進めることに〔　　〕を抱くようになり、会議の席で〔　　〕修正を提案した。
9 この計画が失敗したときは、〔　　〕を取って辞職するつもりだ。

| a 足並み | b カギ | c 確信 | d 軌道 | e 疑念 |
| f 脚光 | g 責任 | h 知恵 | i しびれ | j 山場 |

4 次の会話の〔 〕に□から適当なものを選んで入れなさい。

1 A：またこの大臣のポストに新しい人がついたのね。
　 B：うん、前の大臣は今回の汚職事件に関係していたらしくて、〔　　〕をつけるために辞めたいと自分から辞職を願い出たらしいよ。

2 A：今回の計画にはいくつか解決しなければならないことがございまして…。そこで、ぜひ、こういう方面に詳しいあなたのお〔　　〕をお借りしたいと思い、伺ったしだいです。
　 B：大してお役に立てるかどうかわかりませんが、喜んで協力させていただきます。

3 A：最近、A子、なんだか顔色悪いね。
　 B：ええ。入試まで後2ヶ月でしょ。受験勉強も〔　　〕にさしかかって、かなり無理してるみたいよ。

4 A：おい、今回の企画もまた、会議でボツになったらしいぞ。
　B：ええっ。今度は大丈夫だと思ってたのに…。きっとまた、あいつが〔　〕を入れたんじゃないか？
5 A：1年間、会長のお役目、ご苦労様でした。
　B：ああ、どうも。お年寄のための施設を作る〔　〕をつけた程度で、結局、大したことはできなかったけどね。

a けじめ　b 知恵　c 道筋　d 山場　e 横やり

⑤ 次の各文の〔　〕に□□から適当なものを選び、必要なら形を変えて入れなさい。それぞれの語は一度しか使えない。
1 スポーツ選手には縁起を〔　〕人が少なくない。勝った時着ていたウェアをなかなか洗濯しないそうだ。
2 野外訓練では、道具がなくても知恵を〔　〕ば、火を起こしたり寒さを防いだりできることを学んだ。
3 ライオンが息を〔　〕獲物をねらっている。
4 あの子は親に知恵を〔　〕られたのか、子どもらしくない文句を言う。
5 折り合いの〔　〕二人を話し合いの場につけるのは大変難しい。
6 電化製品は毎年改良が〔　〕られているので、使いやすくなってきている。
7 このレポートは何が書きたいのかわからない。もっと焦点を〔　〕ほうがいい。
8 あの人は定年後、工業高校の教壇に〔　〕製造技術を教えている。

a 立つ　b つける　c 働かせる　d 担ぐ　e ひそめる
f 悪い　g 加える　h 絞る

⑥ 次の文の〔　〕に□□から適当なものを選び、必要なら形を変えて入れなさい。
元本が倍になるという宣伝文句にだまされた人達には、年金で生活してい

た老人が多かった。セールスマンの〔①〕られて、すべての財産をつぎ込んだ人もいた。しかし後でだまされたことがわかってもその人たちは〔②〕、セールスマンはお年寄にやさしかったと言った。裁判で〔③〕ことをいやがる人もいて、訴訟に持ち込むかどうかで全員の〔④〕いるわけではなく、検察側は〔⑤〕されている。

```
a  足並みが揃う    b  苦境に立つ    c  口車に乗せる
d  口を揃える      e  証言に立つ
```

7
次の文章の〔　〕にA群、B群から適当なものを選んで〈ことば〉で扱われている表現を作り、必要なら形を変えて入れなさい。同じものを二度使ってもよい。

会社の社長のような、人の〔①〕人には大変な〔②〕られている。会社の経営が順調な時はよいが、将来の方針をめぐって〔③〕いるような時など社内からさまざまな意見が出る。特に人事では決定に〔④〕人もおり、社員の間に〔⑤〕ばかりでなく〔⑥〕こともあるだろう。リーダーには常に毅然とした態度で〔⑦〕能力が要求される。

```
A群   a 上  b 波風  c 責任  d 混乱  e 異議  f 岐路  g 判断
B群   a 課す  b 下す  c 立つ  d さしはさむ  e 巻き起こす
```

ユニット2　第1課
存在感を示せるか
——そんざいかんをしめせるか——

下の文章は次のページの記事を簡単に書き換えたものです。

> クリントン氏のスキャンダルによってホワイトハウスの権威は(1)急激に失われていった。そのクリントン氏に代わり、アメリカの第43代大統領にブッシュ氏が選ばれた。彼の初めてのスピーチは、言葉だけで終りそうな計画を述べるのではなく現実的な呼び掛けであった。そのためわかりやすく、これまでのどの大統領のものにも(2)劣らないものであった。しかし、そのスピーチの中で大統領は国民がまとまることを強調しなければならなかった。というのは、大統領選挙ではブッシュ氏と相手候補の人気はほぼ同じであり、国民は二つにわかれていたからだ。その(3)対立はブッシュ氏が就任した今でも続いている。また、(4)好調だったアメリカの経済もにぶり始めている。その他(5)解決しなければならない多くの問題がある。それをブッシュ氏はうまく解決できるのだろうか。今後を見守りたい。

この文章の下線部の意味に近い表現になるように、☐の中の言葉を使って言い換えてみましょう。

(1) 名声や信用などが急激に失われる　→　地に〔　　〕
(2) 劣らない　→　ひけを〔　　〕
(3) 対立が今でも続く　→　亀裂が〔　　〕
(4) (好調だったものが) にぶり始める　→　かげりを〔　　〕
(5) 解決しなければならない問題がたくさんある　→　問題が〔　　〕

> a 見せる　b 残る　c 山積する　d とらない　e 落ちる

解答　(1) e　(2) d　(3) b　(4) a　(5) c

存在感を示せるか

　ブッシュ氏が第43代米大統領に就任した。就任演説で大統領は「団結と統一」の大切さを説いた。民主主義を守り、クリントン前大統領の女性スキャンダルで**地に落ちた**ホワイトハウスの権威を取り戻すことは米国民全体の願いでもあるからだ。21世紀最初の米国の指導者としてブッシュ大統領が国民に語りかけた演説は、歴代の大統領にひけをとらない、簡潔でわかりやすいものだった。空疎な**展望**を描かず、新政権を取り巻く政治状況の不透明感を、国民の「団結と統一」で乗り切ろうと呼びかけた。
　だが発足に際し、あえて結束を強調せざるを得なかったところに、この政権の弱点が潜んでいることも見逃してはなるまい。ブッシュ氏は伯仲の選挙戦で、当選までみぞうの混乱を経験した。この間共和党と民主党の党派対立だけでなく、国民にも深い**亀裂**が残った。共和党内の保守派と穏健派の反目も消えていない。そのような**しこり**を早急に**修復**できるかどうかが、ブッシュ政権の先行きを占うかぎとなる。
　選挙公約の大型減税をはじめ、**かげり**を見せ始めた米国経済の運営、東アジア政策の行方など内外の重要課題が山積している。仕切りなおしとなった中東和平への対応は待ったなしだ。「思いやりのある保守主義」を掲げるブッシュ氏の実行力を見守りたい。

(朝日新聞2001.1.22.)

●●●ことばの意味●●●

存在感 sense of existence　　大統領 president　　就任 inauguration　　演説 speech　　団結 unity　　統一 consolidation　　説く to state　　民主主義 democracy　　スキャンダル scandal　　地に落ちる to have gone (prestige etc.)　　ホワイトハウス the White House　　権威 dignity　　指導者 leader　　歴代 post (presidents)　　簡潔な brief　　空疎な empty　　展望 prospects　　政権 administration　　取り巻く to surround　　不透明感 a feeling of a lack of transparency　　乗り切る to overcome　　発足 foundation　　結束 solidarity　　弱点 weakness　　潜む to lurk　　見逃す to overlook　　伯仲 equally balanced　　当選 win (in an election)　　みぞう unheard-of　　混乱 confusion　　共和党 the Republican Party　　民主党 the Democratic Party

●●●ことば●●●

1 **地に落ちる**：名声や信用が急激に失なわれる
   ・A代議士は清潔なイメージが売り物の政治家だったがスキャンダルによって人気が地に落ちた。
   ・あんな馬鹿な失敗をしたためにBさんの社内での信用も地に落ちてしまった。

   [落ちる]
   ⇒ スピードが落ちる／質が〜／成績が〜（悪くなる）／味が〜／鮮度が〜（古くなる）／腕が〜（以前持っていた技術が衰える）

   [落とす]⇒ スピードを落とす／質を〜*／味を〜*／腕を〜*
   ・上り坂にさしかかるとどのマラソンランナーもスピードが落ちた。
   ・夏休みに遊んでばかりいたので、成績が落ちた。
   ・鮮度が落ちた魚は、生で食べないほうがいい。
   ・あの職人は高齢だが腕を落とすことなく今でも立派な仕事をしている。
   *「質を落とす／味を〜／腕を〜」は、故意にする行為でなく、不本意ながらそのような結果になったという意味を表す場合がある。

2 **ひけをとらない***：負けないで同じ程度である⇔ひけをとる
   ・あの子は小学生だが大人にひけをとらないほど上手にピアノが弾ける。
   ・A社は町工場だが、大企業にひけをとらない技術で急成長している。
   *たいてい否定形で用いる。

3 **展望を描く**：将来そのようになるだろうと予測する
   ・新政権は5年後には経済がよくなるという展望を描いている。
   ・すばらしい展望を描いていても実行力が伴わなければ、絵に描いた餅だ。

   [展望]
   ⇒ 展望がある／〜が利く／〜が開く／〜が開ける
   ・「就職はこれからの人生を決めるのだから将来の展望がある会社を選ぶべきだ。」と母に言われた。

- 長い修業の末やっとプロになれた時、これからの人生の展望が一挙に開いたように感じた。
- 今後失業率が改善されるのだろうか。今の経済状況を見ると展望が開けない。

|描く|

⇒ **夢を描く／理想を～／設計図を～**（〈比喩〉将来の計画を立てる）
- 創立者は事業を通じて社会に貢献したいという夢を描いていた。
- 若い時に描いていた理想を実現しようと努力を続けている。
- 結婚後の人生の設計図を描いている二人はまじめに働いて夢に一歩ずつ近づいている。

4 **亀裂が残る**：両者の関係が良くならないままになっている
- 工場建設で意見が対立した町の人の間には今も亀裂が残っている。
- その地域は民族の対立によって分かれていたが、統一された後にも残る亀裂を埋めるために人々はさまざまな試みをしている。

|亀裂|

⇒ **亀裂が生じる**（関係がうまくいかなくなる）／**～ができる**／**～が入る**／
～が走る（急に関係が悪くなる）／**～を埋める**（関係をよくする）
- 仕事熱心な夫が家庭を顧みなかったため夫婦間に亀裂が生じてしまった。
- A社が、B社とライバル関係にあるC社と取引を始めたために、A社とB社の関係に亀裂が入った。
- 妻と母の間にできた亀裂をなんとか埋めようと夫は苦心している。

5 **しこりを修復する**：もめごとが残したすっきりしない気分を直す
- 人種政策によって生じたしこりを修復するには数世紀かかるだろう。
- 今回の爆破事件によって生じた民族間のしこりを修復しようとしても根本的な問題を解決しないかぎり同じような事件はまた起こるだろう。

|しこり|

※ しこりが発生したり存続したりする表現
⇒ **しこりが生じる**／**～ができる**／**～が残る**／**～を残す**

- 人を傷つけておきながら謝らなかったため、被害を受けたほうの心にしこりが生じた。
- 戦争は終結したが両国の人々の心に癒しがたいしこりが残っている。

❖ しこりがなくなる表現
  ⇒ **しこりが取れる／〜を取る／〜が解消する／〜を解消する／〜を癒す**
- 私に対して冷たい態度をとっていた先輩から思いがけなく温かい言葉をかけられて、急にしこりが取れたような気がした。
- 率直に説明したら相手も謝ってくれ長い間のしこりが解消した。

6 かげりを見せる：以前の良かった調子がにぶってくる
- 数年続いた好景気も最近少しかげりを見せ始めた。
- あのテーマパークはできてから10年になるが、今もかげりを見せない人気を保っている。

[かげり]
  ⇒ **かげりが見える／〜がある**（性格などに暗さがある）
- 支持率の高かった政党も相次ぐ失態で支持率にかげりが見え始めた。
- 毎年売り上げが2倍になっていたあの会社にもライバル会社の出現で最近かげりが見えている。
- あの人は美人だけれど、どこか表情にかげりのある人だ。

7 (重要)課題が山積する：(重要な)課題が山のようにたまる
- 新しい内閣が誕生したが、前内閣から引き継いだ未解決の重要課題が山積している。
- 新知事は山積している課題をひとつずつ解決していく決意だ。

[山積する]
  ⇒ **難問が山積する／問題が*¹〜／重要事項*²が〜**
- 大気汚染に対して、一つの国では解決できない難問が山積している。
- 2国間には、漁業権に関する領土問題など未解決事項が山積している。
  *1「問題」や未解決の事柄などを表す言葉がくる。
  *2「重要事項、未解決事項」のように「事項」を説明する言葉が必要である。

●●●練習問題●●●

1 左と右を結びなさい。

1　かげりを　　　　　a　山積する
2　亀裂が　　　　　　b　描く
3　スピードが　　　　c　走る
4　夢を　　　　　　　d　見せる
5　問題が　　　　　　e　落ちる

2 次の各文の〔　〕に□から適当なものを選んで入れなさい。

1　新婚の二人は将来の具体的な〔　〕を描いている。
2　昔は冷蔵庫がなかったため、〔　〕が落ちた魚は干物に加工して保存した。
3　これまで協力し合ってきたA氏とB氏の考え方の違いが表面化し、最近二人の間に〔　〕が入っている。
4　コーチと監督の間にできた〔　〕を解消したい。
5　人の好みの変化によってかつては人気のあった商品の売れ行きにも〔　〕が見えてきた。

```
a　かげり　　b　亀裂　　c　設計図　　d　しこり　　e　鮮度
```

3 次の各文の〔　〕に□から適当なものを選んで入れなさい。

1　車は曲がり角に来て急に〔　〕を落とした。
2　やはり本物の牛革と比べるとナイロン製品は〔　〕が落ちる。
3　いろいろ心配なことがあったので、今学期の〔　〕が落ちた。
4　あのレストランはコックが替わったようで、最近〔　〕が落ちた。
5　ピアニストのA氏も年のせいか、昔に比べて〔　〕が落ちたようだ。

```
a　成績　　b　質　　c　腕　　d　スピード　　e　味
```

4 次の各文の〔 〕に □ から適当なものを選び、必要なら形を変えて入れなさい。

1 このレストランのパスタは本場イタリアにも〔　　〕味だ。
2 警察官の不祥事だなんて、警察の権威も〔　　〕ものだね。
3 今度飲み会でも開いて、社内の人事異動で生じた〔　　〕たい。
4 田中君が先に昇進したため、仲のよかった同期生の間に〔　　〕。
5 あの子はどのような環境で育ったのだろうか、性格に〔　　〕ようだ。

```
a 地に落ちる      b しこりを取る      c 亀裂が入る
d ひけをとらない   e かげりがある
```

5 次の語句が正しく用いられている文を選びなさい。

1 ひけをとらない
　a 経験豊かなA夫の仕事ぶりは新入社員にひけをとらない。
　b わが社の製品はすぐれた技術で製造され、他社にひけをとらないものだ。
　c わが社の人気商品はいつも注文がひけをとらない。

2 しこりを残す
　a 二人は一応仲直りをしたが、心には小さなしこりを残している。
　b B君は今期、すばらしい成績で会社にしこりを残した。
　c 2000年は20世紀の終わりで、歴史上しこりを残した記念すべき年だ。

3 地に落ちる
　a 安売り競争が続いたため、衣類の値段が地に落ちた。
　b オークションにかけられた名画は日本人美術商の地に落ちた。
　c あんな不名誉な事件を起こすなんて、政治家の権威も地に落ちたね。

4 山積する
　a 激しい雨が降ったので、川の水は溢れんばかりに山積している。
　b 今週末までに解決しなければならない課題が山積している。
　c この料理にはサンマやまつたけなどの秋の味覚が山積している。

ちょっとひといき　一理(いちり)ある

「一〜ある」という形(かたち)で、「少(すこ)し〜がある」という意味(いみ)を表(あらわ)すことがあります。「一」は本来(ほんらい)、数詞(すうし)ですが、ここでは「少し」の意味で使(つか)われています。また、一般(いっぱん)に数詞の読(よ)み方(かた)には注意(ちゅうい)が必要(ひつよう)ですが、ここでも、「一」の読み方に注意してください。

一理(いちり)ある（すべて正しいとは思わないが、なるほどと思えるところもある）一癖(ひとくせ)ある（どこか普通(ふつう)の人やものと違(ちが)っていて扱(あつか)いにくい）

・どちらの言(い)い分(ぶん)にも一理あって、どちらが正しいとも言いがたい。
・あの人は一癖あって、ちょっと付(つ)き合(あ)いにくい。

上のほかに、「一見識(いちけんしき)ある」という表現(ひょうげん)もありますが、この場合(ばあい)、「一」は「少し」ではなく、「すぐれた」という意味で使われており、「あることがらの本質(ほんしつ)を見通(みとお)すことができ、それに対(たい)するしっかりとした考えや意見を持っている」という意味になります。

・Aさんはイギリス文学について一見識あるらしい。

また、下のような「一〜ある」という形を含(ふく)む慣用句(かんようく)もありますので、一緒(いっしょ)に覚(おぼ)えておくとよいでしょう。

「腹(はら)に一物(いちもつ)ある」（心(こころ)の中に悪(わる)い考えやたくらみがあること）
・あの人は腹に一物ありそうだから気(き)をつけたほうがよい。

「胸(むね)に一物(いちもつ)ある」とも言います。

ユニット2　第2課

民主党
——みんしゅとう——

下の文章は次のページの記事を簡単に書き換えたものです。

> 政権を持つ自民党と、野党であった自由党はお互いに(1)協力することを約束した。これによって、これまでまとまっていた野党(2)グループの一部が欠けたため、民主党は今では(3)目立たない存在になってしまった。
> 政治はそれぞれの党が自分たちの(4)考えや計画を広く知らせて政権を争って初めてわかりやすくなるものだ。前回の選挙で多くの国民は、これから活躍するだろうという期待を持って民主党に投票した。その結果、民主党は大きく力を伸ばした。しかし選挙後は目立った活動をしていないので、支持する(5)人々は失望している。今は景気をよくすることが必要だと言いながらも、自分の利益や権利だけを中心に考える政治の動きを(6)くい止めることができない。そういう中で民主党は力を蓄え、自民党などに対抗する独自の主張をはっきりと示して行動にかかるべきだろう。

この文章の下線部の意味に近い表現になるように、□□の中の言葉を使って言い換えてみましょう。

(1)　Aと協力する　　　　　　　　→　　Aと手を〔　　〕
(2)　グループの一部分が欠ける　　→　　一角が〔　　〕
(3)　目立たない存在である　　　　→　　影が〔　　〕
(4)　将来の考えや計画を広く知らせる　→　ビジョンを〔　　〕
(5)　AがBに失望する　　　　　　→　　BはAから失望を〔　　〕
(6)　くい止めることができない　　→　　歯止めが〔　　〕

> a 薄い　　b 掲げる　　c 利かない　　d 崩れる　　e 買う　　f 組む

解答　　(1) f　　(2) d　　(3) a　　(4) b　　(5) e　　(6) c

民主党──新規巻き直ししかない──

　この影の薄さはどうしたことだろう。自民、自由両党の連立で、野党第一党・民主党の存在感が一向に高まらない。最近の世論調査では、ひところ20％あった支持率が9％にまで落ち込んだ。二つの政治勢力が将来ビジョンを掲げて政権を争ってこそ、有権者にとっての選択の構図は鮮明になる。民主党が躍進した7月の参院選の結果には、そうした国民の期待が込められていたはずだ。夏の臨時国会の前半はともかく、その後の動きのほとんどは、支持者の失望を買うものだったといわざるを得ない。なぜ、上げ潮に乗れないのか。結党以来の浮沈を振り返り、地道に基礎体力をつけていくほかあるまい。まず検討すべきは野党共闘をどう進めていくかである。自由党が自民党との連立に踏み切ったことで野党の一角が崩れた。それでも参院では両党あわせて過半数に届かない。民主党が公明党との連携に力を入れ、参院での優位を保とうとするのはわかる。だが、その公明党も自民党と独自に手を組んだ。であれば、共闘は模索しながらも、民主党自身が自自連立に対抗する旗を掲げることを最重点の課題とすべきであろう。

　景気対策の大合唱のなかで、利権政治への歯止めが利かなくなっている。それは、巨額の財政赤字がさらに膨らむことにつながる。国民の不安感は強まるばかりだ。

（朝日新聞　1998.12.20.）

●●●ことばの意味●●●

影 impression　　自民党 the Liberal-Democratic Party　　自由党 the Liberal Party　　連立 alliance　　野党 the opposition party　　存在感 sense of existence　　一向に (not) at all　　世論 public opinion　　調査 survey　　支持率 support ratings　　勢力 power　　掲げる to advocate　　政権 reigns of government　　有権者 voter(s)　　構図 structure　　鮮明 clear　　躍進する to advance rapidly　　参院選 election of the House of Councilors　　臨時国会 the special session of the Diet　　失望 disappointment　　上げ潮 high tide　　結党 foundation of the party　　浮沈 ups and downs　　一角 a part of　　過半数 a majority　　公明党 the Komeito Party　　連携 cooperation　　優位 predominance　　手を組む to cooperate　　共闘 a joint struggle　　模索する to grope for　　自自 the Liberal-Democratic Party and the Liberal Party　　最重点の the most important　　課題 a subject　　景気対策 economic stimulus measures　　大合唱 a chorus　　利権 concessions　　巨額 an enormous sum　　財政 financial policy　　不安感 anxiety

●●●ことば●●●

1 **影が薄い**：目立たない存在である
- A氏はおとなしくて自分を主張しない。会社では影の薄い存在だ。
- B氏は仕事の面では影が薄いが、会社のカラオケ大会ではいつも主役だ。

|影|

§ 姿や形
⇒ **影を潜める**（好ましくない事物が表面から姿を消す。p.33参照）／**～も形もない**（まったく姿がない）
- 影を潜めたと思われていた麻薬事件に再発の兆しがある。
- 竜巻の去った後、今まであった家が影も形もなくなっていた。

§ 暗さ、好ましくない影響や兆し
⇒ **影を落とす**（影響がある）／**～が射す**（兆しが見える）
- 悲惨な事件の影響が小さな子どもの心に影を落としている。
- その頃のモーツァルトには死の影が射しており、自分の葬式のための曲を書いている。

|薄い|

⇒ **印象が薄い**＊／**関わりが～**＊（あまり関係がない）／**関心が～**＊／**縁が～**＊／**愛情が～**＊（あまり愛されていない）／**人情が～**＊／**利益が～**＊（利益があまりない）
- A君とは同級だそうだが、印象が薄かったようでよく覚えていない。
- うちはあの倒産した会社とは関わりが薄かったので被害が少なかった。
- アンケートの結果をみると今回の事件に関する世間の関心は薄いようだ。
- あの子は小さい時に親が死んだため、家族の愛情の薄い環境で育った。
- 新興住宅地は隣人とのつながりがあまりなく、家の建てこんだ下町に比べて人情が薄いと言われる。

＊反対語はそれぞれ「印象が強い／関わりが強い・深い／関心が強い・高い／縁が深い／愛情が深い／人情が厚い／利益が大きい」という。

2 存在感が高まる*：人や物などの存在することが大きくはっきりと感じられるようになる

　＊対応する他動詞形は「存在感を高める」
- あの人も入社2年目になったので、責任ある仕事をこなせるようになり社内での存在感が高まってきた。
- 小さいながらも技術力に優れたその会社は業界で存在感を高めてきた。

|高まる|
⇒地位が高まる／人気が～／感情が～／士気が～（やる気がでてくる）

|高める|⇒地位を高める／人気を～／感情を～／士気を～
- 戦後女性の地位が高まったといわれるが現実はまだまだ男女平等とはいえないところがある。
- 動物の形をしたロボットいわゆるペットロボの人気が高まっている。
- スピーチの途中で次第に感情が高まってきて、つい泣いてしまった。
- 社員の士気を高めるため、業績のいい人には給料を上げることにした。

3 ビジョンを掲げる：将来こうしたいという考えを広く知らせる
- その党は福祉社会の実現というビジョンを掲げて選挙戦を戦った。
- 私達は「21世紀は戦争のない世紀」というビジョンを掲げて平和への努力をしている。

|掲げる1|

§考え方を広く知らせる
⇒理想を掲げる／スローガンを～／目標を～／理念を～／要求を～／政策を～
- 人はみな平等という理想を掲げて、共同社会を目指している村がある。
- A社は5年後には利益を倍にするという大きな目標を掲げている。
- 日本国憲法は他国と戦争しないという「戦争放棄」を第9条に掲げている。
- 社員が会社に対して掲げる要求もベースアップからリストラ反対に変わってきた。

|掲げる2| p.104参照

4 期待を込める＊：こうあればいいという気持を入れる

　　＊対応する自動詞形は「期待がこもる」

- あの人から返事が来るだろうと期待を込めて手紙を書いた。
- 健一という名前には健康に育つようにとの親の期待が込められている。

|込める|

⇒ 思いを込める／感情を～／心を～／力を～／精魂を～

　　|こもる|＊⇒ 思いがこもる／感情が～／心が～／力が～／精魂が～

- この歌には平和な世界が続くようにとの思いが込められている。
- 作曲者としては情景を思い浮かべながら感情を込めて歌ってほしい。
- 閉じていたドアを力を込めて叩いたら開いた。
- 今度の絵はコンクール入選をねらった作品だけに力がこもっている。

　　＊「込める」の表記は漢字だが「こもる」はひらがなで書くことが多い。

5 失望を買う：(相手を) 失望させる

- 選挙前にかかげた公約を守らなかった政治家は国民の失望を買った。
- みんなが期待していただけに、代表選手の世界大会での失敗は人々から大きな失望を買った。

|買う|

§自分の言動が元となって他人に悪感情を持たれる

⇒ 反感を買う（反感をもたれる）／失笑を～（ばかな言動を他人から笑われる）／顰蹙を～（不快な行為を嫌われる）／恨みを～（うらまれる）／怒りを～

- あの人の率直な真実を語る発言は保守的な人から反感を買っている。
- 車内で大声でケータイをかけていた若者は周りの人から顰蹙を買った。
- 年金生活者からも税金をとろうとする今回の決定はお年寄の恨みを買っている。

§他人の優れた点を高く評価する

⇒ 努力を買う／才能を～／意欲を～

- 審査員はその少年が難曲を弾こうとした努力を買って特別賞を与えた。
- 俳優のA氏は語学の才能を買われて香港と共同制作の映画に出演した。
- B夫は新入社員だが部長は彼の意欲を買って新しいプロジェクトのメン

バーに加えた。

6　上げ潮に乗る：調子がついて人気や業績が上がる
- あのグループはヒット曲に恵まれ上げ潮に乗って、人気急上昇だ。
- 国のIT政策に支えられて情報関係の企業が上げ潮に乗っていた時期もあった。

|乗る2|
§ はずみがついて調子がよくなる
　⇒ 波に乗る／調子に〜／軌道に〜（うまく進むようになる）／興に〜*（楽しくて調子がよくなる）／図に〜*（いい気になってつけあがる）

　|乗せる2|⇒ 波に乗せる／調子に〜／軌道に〜
- A校チームは好調の波に乗って、勝ちつづけている。
- 昨年始めた事業をうまく軌道に乗せることができて利益が上がり始めた。
- お世辞で「うまい」と言われたのに友人は図に乗って一人で歌い続けた。

　　*「興に乗せる／図に〜」とは言わない。

§ 参加する
　⇒ 計画に乗る／誘いに〜／相談に〜*（他人の相談ごとの相手になる）

　|乗せる2|⇒ 計画に乗せる／誘いに〜
- A君が立てた年末の旅行計画に乗った人は君で3人目だよ。
- 先輩たちの入部の誘いに乗ってA君はバレー部に入ることにした。
- 将来何になろうか迷っている学生の相談に乗ってやってください。

　　*「相談に乗せる」とは言わない。

|乗る1||乗せる1| p.12参照

7　(基礎)体力をつける*：力を身に備える
　　*対応する自動詞形は「体力がつく」
- 病気の後は栄養のあるものを食べて体力をつけなければならない。
- 一般にまだ知られていない新しい会社は創立後の数年を基礎体力をつける時期と考えている。

つける2

§自分のものにする

⇒力をつける／実力を～／教養を～／知識を～／知恵を～（よくない考えを教える）／学力を～

つく2 ⇒力がつく／実力が～／教養が～／知識が～／知恵が～（幼児が物事が分かってくる）／学力が～

- 多くの対外試合を経験した日本チームは最近めきめき力をつけてきた。
- 教養とは、本からだけではなく人とつきあうことからもつくものだ。
- 留学によって語学力だけでなくさまざまな知識をつけることができた。

つく1 つける1 p.13参照
つく3 p.145参照
つく4 つける4 p.206参照

8 一角が崩れる＊：まとまっていたグループの一部が欠ける
  ＊対応する他動詞形は「一角を崩す」

- 相手チームのメンバーが反則で退場し守備の一角が崩れた時がチャンスだ。
- イタリアが先に降伏したことによって日独伊三国同盟の一角が崩れた。

崩れる p.32参照

9 力を入れる＊：自分や他人のために努力する
  ＊対応する自動詞形は「力が入る」

- あの町の人々は町を緑にしようと、木を植える運動に力を入れている。
- A社は音楽文化を盛んにするためにアマチュアオーケストラの支援に力を入れている。

力 p.177参照

10 手を組む：協力し合う
- A社はB社と手を組んで新しい製品を開発した。
- 私の町では役所と民間が手を組んで国際交流計画を進めている。

11 旗を掲げる：理念や理想を示す
- 革新という旗を掲げてできた新党も今は他の党と変わらない。
- フランス市民は「自由、平等、友愛」という旗を掲げて王の軍と戦った。

旗
⇒旗を振る（政治運動などで人々を導く）／〜を揚げる*（新しく事を起こす）
- 彼は昔、学生運動で旗を振っていたが今は環境問題に取り組んでいる。
- あの人は演劇活動の手始めに地方で新しい劇団の旗を揚げた。
  * 「旗揚げ」という言葉がある。
  - 新しい劇団が9月に旗揚げするらしい。

掲げる1　p.54参照

12 歯止めが利かない：くい止めることができない⇔歯止めが利く
- 東南アジアの森林が砂漠化する現象にもはや歯止めが利かなくなった。
- 今日のように産業が発達し車が普及してくると、もはや地球温暖化に歯止めが利かなくなるかもしれない。

歯止め　p.138参照
きく　p.75参照

13 赤字が膨らむ：損が大きくなる
- 円高のころ製品の輸出に依存していた会社は貿易赤字が膨らんで苦しんでいた。
- 円安になって輸入価格が上昇したため原料費は予算内で収まらなくなり、赤字が膨らんできている。

膨らむ　p.117参照

●●●練習問題●●●

1 左と右を結びなさい。それぞれの語は一度しか使えない。
1 影を　　　　　　　a 入れる
2 力を　　　　　　　b 利く
3 歯止めが　　　　　c 乗る
4 図に　　　　　　　d つける
5 体力を　　　　　　e 落とす

2 次の各文の（　）には適当な助詞を入れ、〔　〕には□から適当なものを選び、必要なら形を変えて入れなさい。
1 日本語の乱れが指摘されているが、いろいろな原因でもう歯止め（　）〔　〕状態だ。
2 古いイメージを打ち破ろうというビジョン（　）〔　〕新企画が発足した。
3 今回の難しい事態には敵も味方も手（　）〔　〕立ち向かうしかない。
4 赤字（　）〔　〕倒産しそうな銀行を国の予算で救うことになった。
5 すばらしく英語の実力（　）〔　〕ね。スピーチコンテスト優勝おめでとう。

> a 膨らむ　b 組む　c つく　d 掲げる　e 利く

3 次の各文の〔　〕に□から適当なものを選んで入れなさい。
1 初めは緊張していたが、コンサートが進むにつれ次第に〔　〕に乗ってきた。
2 A君は今困ったことがあるようだ。〔　〕に乗ってやってくれ。
3 あの選手は今年は好調の〔　〕に乗ってすばらしい成績を残した。
4 開店当初は赤字続きだったが、最近経営がやっと〔　〕に乗ってきた。
5 「スキーがお上手ですね」と言われて〔　〕に乗ってみんなの前で滑ってみせたら、転んでケガをしてしまった。

> a 図　b 調子　c 波　d 軌道　e 相談

4 次の各文の〔　〕に□□から適当なものを選んでいれなさい。

1　入場者数はこれぐらいだろうと〔　　〕をつけてチケットを発売したら予想以上の人が来て大変だった。
2　歌手としての〔　　〕をつけようと本場のアメリカへ勉強に行った。
3　人と接する仕事には専門知識だけでなく巾広い〔　　〕をつけた人が求められている。
4　インタビューに行く前に予備〔　　〕をつけようと思って、その人の書いた本を読んだ。
5　大病を患って10キロやせた。早く〔　　〕をつけようと栄養のあるものを食べるようにしている。

　a　教養　　b　体力　　c　知識　　d　実力　　e　見当

5 次の各文の〔　〕に□□から適当なものを選び、必要なら形を変えて入れなさい。

1　牛乳の消費量が減って乳牛を飼っている人たちが困っているそうだ。こんな所にもBSE（いわゆる狂牛病）の噂が〔　　〕いる。
2　このドラマでは脇役の方が個性的なため、主役の〔　　〕。
3　昼間、お天気がよかったので雪だるまが〔　　〕なってしまった。
4　取り締まりが厳しくなったため、麻薬密輸は〔　　〕。
5　それまで負けたことのないナポレオンだったが、厳冬のロシアに攻め入った時には不吉な〔　　〕いた。

　a　影が薄い　　b　影も形もない　　c　影を潜める　　d　影を落とす
　e　影が射す

6 次の各文の〔　〕に□から適当なものを選び、必要なら形を変えて入れなさい。

1　夫のごうまんな態度は周囲から〔　　〕いる。
2　パーティに来る人数の大体の〔　　〕会場を予約した。
3　友人の〔　　〕買った株が値上がりし今は彼に感謝している。
4　記念館には平和への〔　　〕子どもたちが描いた絵が飾られている。
5　あのチームもメンバー交替によって攻撃力の〔　　〕相手チームに押され気味だ。

```
a 願いを込める    b 顰蹙を買う    c 一角が崩れる
d 見当をつける    e 誘いに乗る
```

7 次の各文の〔　〕にA群、B群の□から適当なものを選んで〈ことば〉で扱われている表現を作り、必要なら形を変えて入れなさい。それぞれの語は一度しか使えない。

1　先生は自分たちでなんとか新聞を作ろうとする生徒の〔　　〕、資料を提供したり印刷機を使わせたりした。
2　この詩には20年前に捨てた故郷をなつかしむ〔　　〕いる。
3　新製品の開発によって他社に差をつけたA社は、今社員全員の〔　　〕いて、業界のトップになろうとしている。
4　消費者の心理を考えて価格を低く設定するとどうしても〔　　〕なる。
5　航空会社の中にはテロの後、乗客が激減し〔　　〕倒産したところもある。

```
A群  a 努力   b 利益   c 思い   d 士気   e 赤字
B群  f 薄い   g こもる   h 膨らむ   i 高まる   j 買う
```

8 次の各文の下線部を▭の中から選んだものを用い、〈ことば〉で扱われている表現にして言い換えなさい。助詞に気をつけなさい。

1 子供が大きくなっていろいろなことがわかるようになった。
　　→〔　　　　　〕

2 部長は部下の<u>一生懸命やろうという気持</u>を高く評価している。
　　→〔　　　　　〕

3 B夫の行動は周りの人から<u>不快に思われ</u>受け入れられていない。
　　→〔　　　　　〕

4 この部分はもっと<u>気持を入れて</u>歌わなければ歌の感じが出ませんね。
　　→〔　　　　　〕

5 簡単な質問に答えられなかった大臣は野党から<u>あきれられ笑われた</u>。
　　→〔　　　　　〕

6 子供達は維持費が高くつくにもかかわらず、ケータイを持ちたがる。子ども同士のつきあいに必要なのだそうだ。もうケータイの子供への<u>普及をとめること</u>ができなくなっている。
　　→〔　　　　　〕

7 Kチームは中心だった選手が退団したため、攻撃力の<u>一部</u>が欠けてしまった。今期はあまり良い成績は期待できないだろう。
　　→〔　　　　　〕

8 あのまじめな課長もパーティなどで<u>楽しい気分が盛り上がる</u>と演歌を歌い始めるんだよ。
　　→〔　　　　　〕

9 Aさん夫婦は生活のリズムが合わずいつもすれ違いの生活をしていて、とうとう離婚してしまった。<u>一緒にはならないという運命</u>だったのだろう。
　　→〔　　　　　〕

10 去年までここにあった<u>建物の姿が全く見えない</u>。代わりに何ができるのだろう。
　　→〔　　　　　〕

```
a 意欲    b 興    c 縁    d 影    e 感情    f 反感
g 一角    h 知恵   i 歯止め   j 失笑
```

ユニット2　第3課

大阪五輪
──おおさかごりん──

　2008年のオリンピックは、北京に決まりましたが、日本の大阪も名乗りを挙げていました。次の文章はその時の記事を簡単に書き換えたものです。

　2008年夏のオリンピックを大阪で開こうという大阪市の方針が政府の話し合いで認められた。(1)政府が公に認めたということで、オリンピックを大阪に招こうという活動もますます(2)勢いが強まりそうである。大阪府知事は、オリンピックを開催することが、大阪全体を活性化するのに大きな(3)効果を生み出すと考えている。大阪の人々も、オリンピックを呼んで、現在の不況をどこかにやってしまいたいという気持でいる。しかし、国も大阪市も、経済の状態が非常によくない。オリンピックを開くために、非常に多くの税金を使うことが、ほんとうにいいことなのだろうか。また中国の北京市という手ごわいライバルが出てきたために、オリンピックを招こうという活動が必要以上に激しくなることが心配になってくる。予算の使い方について、(4)悪く言われることのないよう公正な(5)態度をずっと守り通してほしい。

　この文章の下線部の意味に近い表現になるように、□の中の言葉を使って言い換えてみましょう。

(1)　政府が公に認める　　→　　政府の〔　　〕を得る
(2)　勢いが強まる　　　　→　　拍車が〔　　〕
(3)　効果を生み出す　　　→　　効果を〔　　〕
(4)　悪く言われる　　　　→　　後ろ指を〔　　〕
(5)　態度を守り通す　　　→　　態度を〔　　〕

a　ささされる　　b　もたらす　　c　お墨付き　　d　貫く　　e　かかる

解答　　(1) c　　(2) e　　(3) b　　(4) a　　(5) d

大阪五輪—いま一度得失を考えよう—

　2008年の夏季五輪を招致しようという大阪市の方針が閣議で了解された。政府のお墨付きを得たことで、開催地を決める3年後の国際オリンピック委員会（IOC）総会に向けての招致活動に拍車がかかりそうだ。「文化やスポーツの振興ばかりでなく、産業活動をはじめ大阪全体の活性化に大きな効果をもたらすでしょう」知事のこの言葉が五輪にかける大阪の人々の気持を表している。世界の祭典を呼んで、不況風を吹き飛ばそうというのだろう。だがこの時期の五輪招致にはどうしても、全面的に賛成しにくい事情がつきまとう。招致活動が熱を帯びる前に、得失をいま一度熟慮すべきではないだろうか。
　国も大阪市も財政事情は非常に苦しい。こんな時期に巨額の公共投資を集中させることが果たして妥当かどうか。市民の協力と納得なくして、五輪はおろか招致活動も成功するはずがない。昨夏、大阪市が五輪開催地に選ばれたときと今では、招致をめぐる情勢は大きく変わった。先月末、北京市が2008年五輪招致に立候補することを正式表明したのだ。大阪市にとっては、実に手ごわいライバルが現れたというほかない。そうなると懸念されるのは、招致活動の過熱である。常識外れの接待攻勢や幹部総出の外国出張などは、厳に慎むべきだろう。経理をガラス張りにするのも当然である。どこからも後ろ指をさされることのないフェアな態度を貫きたい。

(朝日新聞　1998.12.12.)

●●●ことばの意味●●●

五輪 the Olympic games　　得失 gain and loss　　招致 invitation　　方針 course (of action)　　閣議 cabinet meeting　　了解 consent (to a thing)　　お墨付き official go-ahead　　開催地 the site of (the Olympic games)　　委員会 committee　　総会 a general meeting　　拍車がかかる to be prompted　　振興 promotion　　活性化 vitalization　　効果 effect　　祭典 festival　　不況風 depression　　全面的 overall　　つきまとう to follow (something) about　　帯びる to carry　　熟慮 careful consideration　　財政事情 financial conditions　　巨額 enormous amount of money　　公共投資 public works investment　　集中する to concentrate　　妥当 appropriate　　～はおろか to say nothing of　　情勢 situation　　北京市 Beijin City　　立候補する to be a candidate　　表明する to announce　　手ごわい formidable　　ライバル rival　　懸念する to worry about　　過熱

overheating　常識外れ beyond common sence　接待 entertainment (of guests)　攻勢 an attack　幹部 the officials　総出 in full force　出張 a business trip　厳に strictly　慎む to be discreat　経理 accounting　ガラス張り open and aboveboard　後ろ指をさされる to be above suspicion　フェアな fair　態度 attitude　貫く to carry through

●●●ことば●●●

1　お墨付きを得る*：権威のある人から許可や承諾をもらう
・この川の水は厚生労働省からお墨付きを得た水だから飲用に適している。
・模擬試験の結果をみた先生から「能力試験には合格する点数だ」とお墨付きをもらったので、自信がわいてきた。
　＊「お墨付きをもらう」とも言う。

2　拍車がかかる*：進む勢いが強まる
　　＊対応する他動詞形は「拍車をかける」
・入学試験が2ヶ月後となり受験勉強にも一段と拍車がかかってきた。
・関税の引き下げに加え輸入品の品質向上が、海外からの輸入増加に拍車をかけている。

　かかる1
§作動された状態になる
　⇒エンジンがかかる／ブレーキが～／音楽が～／レコードが～
　　かける1 ⇒エンジンをかける／ブレーキを～／音楽を～／レコードを～
・エンジンがかかった状態で車を止めておくことをアイドリングという。
・雨の日は道路が濡れていてブレーキがかかりにくいから、注意しなければならない。
・若い人ばかりのパーティだから明るいポップス調の音楽をかけよう。

歯止めがかかる〈慣用〉 p.138参照
§作用を受ける
　⇒迷惑がかかる／力が～／税金が～／誘いが～／疑いが～／ストップが

〜／待ったが〜

かける1 ⇒迷惑をかける／力を〜／税金を〜／誘いを〜／疑いを〜／ストップを〜／待ったを〜

- 車内では他の人に迷惑がかからないようケータイの使用は遠慮すべきだ。
- 貯金の利子にも税金がかかるので実質的利率は表示より低い。
- 今度の計画には資金面で問題があるということで待ったがかかった。

声がかかる〈慣用〉p.188参照

かかる2 p.155参照

3 効果をもたらす：効果を生み出す
- 新しいテーマパークは周辺の町にも経済効果をもたらした。
- 節約のために会社まで自転車で通勤を始めたら風邪をひかなくなった。健康という思わぬ効果をもたらしてくれたわけだ。

効果
⇒効果がある／〜が出る／〜を生む／〜を上げる／〜が上がる
- やけどに油を塗っても効果はない。冷やすのが一番いい方法だ。
- 毎日ジョギングした効果が出てきたようで、3キロやせた。
- 新製品を売り出す時宣伝効果を上げるため、同じ日にテレビや新聞などに一斉に広告を出した。

もたらす*
⇒幸福をもたらす／不幸を〜／知識を〜／文化を〜／結果を〜／課題を〜／平和を〜／夢を〜／希望を〜
- 友人からの手紙が淋しい一人暮らしにしばしの幸福をもたらした。
- 海外旅行は外国の文化についての新しい知識をもたらしてくれる。
- 君たちの毎日の努力が優勝というすばらしい結果をもたらしたのだ。

  *「生み出す」や「持ってくる」という意味だが「もたらす」の前には抽象的なことがらがくる。

4 熱を帯びる：〈比喩〉興奮した状態になっている
- オリンピック開催が決まった北京市は準備に熱を帯びている。

- 試合もいよいよクライマックス。応援は熱を帯び観衆は総立ちになって声援を送った。

⬛ 帯びる

⇒ 赤みを帯びる（赤い色が感じられる）／熱を〜（熱を少し持つ）／電気を〜／静電気を〜／酒気を〜*（少し酒を飲んでいて体からアルコールが感じられる）／哀調を〜（悲しい雰囲気をもつ）

- 寒くて青ざめていた顔も温かい飲み物のおかげで赤みを帯びてきた。
- 長い間つけっぱなしにしておいたので、テレビが熱を帯びている。
- セルロイドの下敷きなどを強くこすると静電気を帯びてほこりがつく。
- 窓の外から哀調を帯びたメロディーが聞こえてきた。
   * 「酒気帯び運転＝（お酒を飲んでの運転）」という言い方がある。
    - 酒を飲んだ後、車を運転してはいけない。酒気帯び運転で規則違反になる。

5 **後ろ指を指される**＊〈慣用〉：陰で悪口を言われる⇔後ろ指を指す

- 私はまっすぐに生きている。人から後ろ指を指されるようなことはしていないつもりだ。
- 故郷は狭い町だったので少し目立ったことをすると人から後ろ指を指されたものだ。
   ＊受身形で用いられることが多い。

6 **態度を貫く**：同じ態度を守りつづける

- この映画は人種差別が激しい時代に、どんな圧力にも屈することなく誰に対しても公平な態度を貫いた裁判官の話だ。
- 会社側が自分たちは関与していないという態度を貫いたため、被害者との和解は成立しなかった。

⬛ 貫く　p.116参照

●●●練習問題●●●

1　次の意味になるように〔　〕に□から適当なものを選んで入れなさい。

1　陰で悪口を言われる　　　　　　　　　後ろ指を〔　　〕
2　権威ある人から公に認められる　　　　お墨付きを〔　　〕
3　進む勢いが強まる　　　　　　　　　　拍車が〔　　〕
4　効果を生み出す　　　　　　　　　　　効果を〔　　〕
5　酒を飲んでいてアルコールが感じられる　酒気を〔　　〕
6　待てという命令を出す　　　　　　　　待ったを〔　　〕

　　a 得る　b かかる　c 指される　d 帯びる　e もたらす　f かける

2　次の各文の〔　〕に□から適当なものを選んで入れなさい。

1　社員が楽しみにしていた社内旅行計画に、忙しい時期だからと社長から〔　　〕がかかった。
2　女性の社会進出のために結婚年齢の高齢化に一段と〔　　〕がかかるだろう。
3　寒い日には車やバイクの〔　　〕がかかりにくい。
4　安売り店では、いつもにぎやかな〔　　〕がかかっている。
5　あの喫茶店はすべて懐古趣味で統一されていて、今でも昔の流行歌の〔　　〕がかかっている。
6　老後の福祉予算を確保するために日常の食品などにも〔　　〕がかかるようになったので、外国人は不満をもっている。

　　a ストップ　b レコード　c エンジン　d 音楽　e 拍車　f 税金

3 次の各文の〔　〕に □ から適当なものを選んで入れなさい。それぞれ一度しか使えない。
1 長い間紛争が続いている地域だが、戦いが一時休止するクリスマス停戦がしばしの〔　〕をもたらした。
2 日本は歴史的に海外からもたらされた新しい〔　〕を消化して自分のものとしている。
3 毎週行なわれる復習テストが学習の定着にかなりの〔　〕をもたらしている。
4 明治初期にはドイツからの文献が医学や法学の分野に新しい〔　〕をもたらした。
5 EU諸国は共通の新しい通貨を採用したが、これは各国の経済にどのような〔　〕をもたらすのだろうか。

a 文化　b 平和　c 結果　d 効果　e 知識

4 次の各文の〔　〕に □ から適当なものを選び、必要なら形を変えて入れなさい。同じものを二度使ってもよい。
1 やせるために食事を制限するなら、適度な運動もいっしょに行うと効果が〔　〕。
2 社長の慎重な態度は、計画にブレーキを〔　〕いるかに見えるが、最終的にはよい結果を〔　〕だろう。
3 Ａさんは他人から何と言われても考えを変えず同じ態度を〔　〕いる。
4 赤ちゃんは少し熱があるのか、赤みを〔　〕顔をしている。
5 杏の木の下で冠をかぶり直すと人に疑いを〔　〕という故事が慣用句になっている。

a 帯びる　b 上がる　c もたらす　d かける　e 貫く

5　次の各文の〔　〕に▢から適当なものを選び、必要なら形を変えていれなさい。

イチロー選手は子供のころからの夢を実現し米大リーグの選手になった。2001年度の最優秀選手に選ばれたということは世界のトップを行くアメリカ球界からもお墨付きを〔 ① 〕というわけだ。このニュースはいやな事件の続いた日本の暗い空気を吹き飛ばし野球少年のみならず大人たちにも大きな夢と希望を〔 ② 〕。逆に日本の球界は優秀な選手の抜けた穴を埋めるために、有望な若手選手の人材確保に拍車が〔 ③ 〕、獲得競争が熱を〔 ④ 〕いる。

| a 帯びる　　b もたらす　　c 得る　　d かかる |

6　次の各文の〔　〕に▢から適当なものを選び、必要なら形を変えていれなさい。
1　日々の厳しい練習が先月の大会での優勝という最高の〔　　〕。
2　Aさんはグループ内での主導権をめぐる争いには、常に中立の〔　　〕いる。
3　クラスでディベートを行ったところ、次第に〔　　〕きて激しい意見のやりとりになった。
4　私は正直に生きているから〔　　〕ようなことは何一つしたことがない。
5　土地も確保し住民の賛成も得られて、公園建設計画は順調に進んでいくかと思ったが、思わぬところから〔　　〕。
6　長引く不況の影響のため、多少の減税を行ったくらいではそれほど経済的な〔　　〕とは思えない。
7　個人的な事情で予定を変更してもらうと他の人に〔　　〕ので、私のことは考えないでください。
8　先生の受賞記念パーティには教えを受けた人全員に〔　　〕、にぎやかにお祝いしましょう。

a	効果を生む	b	態度を貫く	c	待ったがかかる
e	結果をもたらす	f	熱を帯びる	g	迷惑がかかる
h	後ろ指を指す	i	声をかける		

ちょっとひといき　いろいろな風が吹く

「今日は強い風が吹いてるよね」という表現は皆さんも知っているでしょう。でも、吹く風は強かったり、弱かったりするだけではありません。「先輩」の風や「明日」の風や「どういう」風か分からない風も吹きます。

1「A君っていつも先輩風吹かして威張るから、嫌な感じよね。」

2「そんなに悩むなよ。明日は明日の風が吹く。どうにかなるって。」

3「どういう風の吹き回し？　あなたがごちそうしてくれるなんて。何かあったの？」

1は「先輩らしく振舞う」、2は「世の中は何とかなるもので、あまり先のことを心配しなくてもよい」、3は「どのような成り行き」という意味です。このように「風」を使った慣用的表現はいろいろあります。

風は確かに「吹き」ますが、明日の風は吹かない場合もありますから、計画をきちんと立てて、生活するようにしたいものです。

ちょっとひといき　現代に残る昔の地名

　ユニット４の３課に「上州」という言葉が出てきます。これは現在の群馬県に当たる地域の古い名前「上野の国」の別名です。「州」というのは「国」を表す言葉ですが、今でもこのような昔の呼び方が行われており、長野県地方を「信州」（信濃の国）、山梨県を「甲州」（甲斐の国）などと言ったりします。江戸時代（「江戸」も東京の昔の名前ですね）までの日本は、当時の都であった京都を中心とした「畿内」と７つの地方「七道」にわけられ、それぞれがさらに細かい「国」にわけられていました。この「国」は現代の都道府県の区分とほぼ合致していますが、昔の名前に愛着を感じる人も多く、いろいろな場面で使われています。例えば、JR路線名の「東海道線、北陸線、山陽線」などは「七道」の中からとったものです。「信越線」は「信濃の国」と「越後の国（現在の新潟県）」を結ぶ線、「常磐線」は「常陸の国（現在の茨城県）」と「磐城の国（福島県）」を結ぶ線という意味です。

　古い地名はその地方の特産品やその地方の人などを呼ぶのにも用いられています。「国」の名前のついた特産品の例をあげると越後米（新潟県特産のコメ）、讃岐うどん（徳島県特産のうどん）、越前ガニ（福井県特産の蟹）、備前焼（岡山県備前地方で作られる焼き物）、紀州みかん（和歌山県産のみかん）などがあります。人間ではどうでしょうか。「江戸っ子」という言葉を聞いたことがあるでしょう。江戸は「国」ではなく「町」で、「江戸っ子」とは東京で生まれ育った生粋の東京人のことを言います。「江戸っ子」に対して生粋の大阪の町の人は「浪花っ子」と呼ばれます。

ユニット2　第4課

お役所仕事
──おやくしょしごと──

下の文章は次のページの記事を簡単に書き換えたものです。

> 「お役所仕事」とは、形式ばかりを大切に考えて、状況にあわせた対応ができず、不親切で、能率の悪い仕事のやりかたを指す。役所の窓口で、(1)怒りたくなった経験のある人もいるだろう。地方公務員の間では外部との競争が少ないため、(2)それではいけないと思う気持があまりなく、互いに励ましあって、向上しようと努力することがない。東京都がまとめた「人事白書」では、このようなことが(3)問題として取り上げられている。東京都は、警察、消防の職員を除いても、11万人以上も職員がいる大きい組織である。都職員が新しい発想やチャレンジ精神をもたないと、新しい時代の都の政治は行えないだろうと白書には書かれている。

この文章の下線部の意味に近い表現になるように、□の中の言葉を使って言い換えてみましょう。

(1) 怒る　　　　　　　　　→　　腹を〔　　〕
(2) 今の状態ではだめだと思う気持があまりない
　　　　　　　　　　　　　→　　危機意識が〔　　〕
(3) 問題として取り上げる　→　　俎上に〔　　〕

> a 立てる　　　b 載せる　　　c 希薄だ

解答　　(1) a　　(2) c　　(3) b

お役所仕事

　「お役所仕事」とは、形式主義的で**融通がきかず**、不親切、非能率な仕事ぶりのことを指す。役所の窓口で、**腹を立てた**経験のある人は少なくないはずだ。
　地方公務員は「独自の世界」を形成してきた。そこでは、外部との競争は少なく、公務員同士も、競争より秩序を重んじてきた。こう指摘したのは、ほかならぬ東京都がまとめた「人事白書」だ。白書は、**危機意識の希薄さ**、コスト意識の低さ、切磋琢磨の乏しさも挙げた。こんな公務員の意識とともに、**巨大組織の問題も俎上に載せた**。警察、消防職員を除いても11万人余という大所帯。隅々まで意思を伝える難しさ、一体感のなさ…まるで恐竜を連想させる指摘だ。巨大化しすぎた恐竜の中には、足や尾の運動を制御するため、頭だけでなく腰にも脳が必要になったものもいたそうだ。都職員が新しい発想やチャレンジ精神を持たない限り、新しい時代の都政は切り開けないと白書は訴える。

(読売新聞2000.8.8.)

●●●ことばの意味●●●

形式主義 formalism　融通が利く flexible　地方公務員 local public officials
秩序 order　危機 crisis　意識 consciousness　希薄さ lack　人事白書 white paper on personnel affairs　切磋琢磨 competing with each other　乏しさ lack　俎上に載せる to take up something for discussion　消防職員 staff of fire station　恐竜 dinasaur　指摘 pointing out　制御 control　腰 waist　脳 brain

●●●ことば●●●

1 融通がきかない：状況にあわせた対応ができない⇔融通がきく
- Aさんはなんでもマニュアル通りにやらないと気がすまない、融通のきかないところがある。
- Bさんは予定と違うことが起こってもすぐに処理ができて融通が利く、優秀な社員だ。

きく

§ 有効に働く

⇒薬が効く＊／薬味が利く／ブレーキが〜
- 薬が効いてきたらしい。何だか体が楽になってきた。
- このすしはわさびがよく利いていて涙が出そうなくらいだ。
- 雨や雪の日にはブレーキが利かないので注意した方がいい。
  ＊「薬がきく」は普通「効く」の字を当てる。その他の場合は「利く」の字を当てる。

§ 可能である

⇒洗濯が利く／見晴らしが〜／見通しが〜
- この素材は柔かくて色もきれいだが、洗濯が利かないので衣料にするには不向きだ。
- 山道に迷ったときには、見晴らしが利くところまで出て、方角を確かめた方がいい。
- どんな対策をとっても景気は好転しない。いつ状況がよくなるか見通しが利かない。

鼻が利く〈慣用〉：嗅覚が発達している、〈比喩〉勘がいい
- 動物は人間に比べて鼻が利く。

顔が利く〈慣用〉：よく知られていて、そのために特別な扱いが受けられる
- 給料日前でお金のない時には、顔の利くなじみの食堂でお金が入ったら払うことにして食べさせてもらったものだった。

口を利く1〈慣用〉：物を言う
- A夫とは1週間前に喧嘩して以来、口を利いていない。

口を利く2*〈慣用〉：他人の世話や仲介をしたりする
・叔父に口を利いてもらって、就職先の面接を受けることができた。
　*「口利き」という使い方がある。
　　・叔父の口利きで、今の会社に就職が決まった。

気が利く〈慣用〉：ちょっとしたことに気がついて、人のためになることをする
・今年の新入社員は自分がお茶を飲むときに、先輩の分まで入れるような気が利くタイプだ。

目が利く*〈慣用〉：物の価値を見分ける能力がある
・あの人は骨董に目が利く。
　*「目利き」という使い方がある。
　　・骨董品の目利きができる。

2　腹を立てる*〈慣用〉：怒る
　　*対応する自動詞形は「腹が立つ」
・Aさんの暴言に、その場にいたみんなは腹を立てた。
・Bさんは議長に腹を立てて、会議の途中で会場から出ていってしまった。

立てる3

§はっきりする、確かなものになる
　⇒目処を立てる／目算を～／見通しを～／予定を～／筋道を～（話や考えを手順をふんで示す）／暮らしを～／生計を～（人並みに生活する）

　　立つ3 ⇒目処が立つ／目算が～／見通しが～／予定が～／筋道が～／
　　　　　暮らしが～／生計が～

・研究に必要な資料がそろったので、やっと論文作成の目処が立った。
・その村の人々は酪農で暮らしを立てている。
・市の予算が決まらないうちは道路工事の予定が立てられないそうだ。
・酔っ払っていて覚えていないと言うが彼の話は筋道が立っていた。

§役目または地位につかせる
　⇒使者*を立てる／候補者*を～／人を～（仲介者になってもらう）／（人）

を代理*に〜／保証人*に〜

|立つ3|⇒使者が立つ／候補者が〜／人が〜／(人が) 代理に〜

・あの党は、今度の市長選挙では、新たに女性候補者を立てるようだ。
・目上の人にお願いする場合、間に人を立てたほうがうまくいく。
・私は父を保証人に立てて、その家を借りることができた。

＊代理や保証人、証人など役目を表わす言葉がくる。

§相手を目立たせたり、よく見せたりする

⇒顔を立てる（相手に恥をかかせないようにする）／(人に) 義理を〜（相手との関係をうまく保つようにする）／先輩を〜＊／相手を〜＊

|立つ3|⇒顔が立つ／(人に) 義理が〜

＊「先輩が立つ／相手が〜」とは言わない。

・悪いのは向こうだと思ったが、相手の顔を立てて許すことにした。
・仕事で忙しかったが、以前世話になったので義理を立てて、先輩の送別会に出席した。
・就職が決まった時、兄に会社では何事にも先輩を立てるように心がけたほうがいいと言われた。

目くじらを立てる〈慣用〉：細かい欠点まで探しだして、うるさくいう

・どっちでもいいようなことに、いちいち目くじらを立てて怒らないでくれ。

白羽の矢を立てる＊〈慣用〉：多くの中から特にふさわしいものとして選ぶ

＊対応する自動詞形は「白羽の矢が立つ」

・引退した前監督の後任として、球団側はN氏に白羽の矢を立てた。
・Bさんに白羽の矢が立ち、学生を代表して挨拶する役に選ばれた。

|立てる1| |立つ1| p.4参照
|立てる2| |立つ2| p.5参照

3 **危機意識の希薄さ**：今の状態をよくないと思う気持があまりないこと
⇔意識が希薄だ

・いったん就職したからには、定年までその会社で働くべきだという意識が希薄になりつつある。
・著作権に対する意識が希薄で、本や雑誌を買わずに、コピーして使って

いる人が多い。

[意識]

❖ 生物としての感覚の状態を表わす表現

⇒ 意識がある／〜が弱まる／〜を失う／〜がもどる

- 事故の被害者は、病院に運ばれたときにはまだ意識があったが、次第に意識が弱まっていった。
- 仕事中に意識を失って倒れ、救急車で病院に運ばれた。
- 手術が成功し、患者の意識がもどった。

❖ 興味や関心を持っていることを表わす表現

⇒ 意識が高い*／〜が強い*／〜がある*

- この町の住民はリサイクルに対する意識が高く、ペットボトルや空缶など、再利用できるものは100％分別収集されている。
- リサイクルは必要なことだという意識は強いが、実際に正しく実行している人はどれだけいるだろうか。
- 交通マナーは守るべきだという意識があっても、横断歩道を渡らずに道を横切る人も多い。

　*「高い」の場合は、意識されている内容を具体的に示さなくてもよいが、他はどのような意識かを示す必要があり、その場合は「〜という意識」という形を用いる。

❖ 興味や関心を持っていないことを表わす表現

⇒ 意識が低い／〜が薄い／〜が希薄だ／〜が乏しい／〜に欠ける

- 日本語のアクセントに対する意識が低いと、「肩」と「型」のような同音異アクセントの語を区別できない。
- 彼の謝罪からは、自分が悪かったという意識が薄いように思える。
- 地球環境を守らねばならないという意識がまだまだ希薄だ。
- 親になるという意識が乏しいまま子をもうけ、生まれた子を虐待するという悲惨な事件が相次いでいる。
- 登山隊のリーダーは今度の失敗は自分の責任だという意識に欠けており、隊員ばかりを非難している。

§自覚
> ⇒エリート意識*が強い／競争〜*が強い／自〜*が強い
- Aさんは一流大学を優秀な成績で卒業したので、エリート意識が強い。
- あの2つの店は互いに競争意識が強く、相手が新商品を売り出すとすぐに自分たちも新企画を考えて対抗する。
- 彼は自意識が強く、みんなが自分に注目していると思っている。
  * 「意識」の前に必ず自覚している内容を伴う。ほかには「プロ意識」「ライバル意識」など。

§考え
> ⇒意識にのぼる（考えるようになる）／〜を持つ
- 輸入飼料に含まれていた細菌が原因で家畜が死亡するという事件をきっかけに、輸入食品の安全性が国民の意識にのぼるようになった。
- 若者には、これからの社会は自分たちが動かしていくのだという意識を持ってほしい。

4 **俎上に載せる*** 〈慣用〉：議論、批評の対象として取り上げる
- 政府は、次期国会で消費税率引き上げの件を俎上に載せる予定だ。
- 人材不足の問題は毎回俎上に載せられるが、なかなか解決できない。
  * 「まないた（俎板）に載せる」ともいう。
  「**俎上の魚／まないたの鯉**（相手のする通りにまかせるしかなくて、自分の力ではどうしようもない状態のこと）」という言い方もある。
- 新製品の検討会議では、開発者の私自身は俎上の魚で、ほかのメンバーの批判を黙ってきいているしかなかった。

●●●練習問題●●●

1 左と右を結びなさい。それぞれの語は一度しか使えない。
1 俎上に　　　　　a 欠ける
2 意識が　　　　　b 載せる
3 意識に　　　　　c 立てる
4 道筋を　　　　　d 利く
5 融通が　　　　　e 希薄だ

2 次の各文の（　）には適当な助詞を入れ、〔　〕には□から適当なものを選んで入れなさい。
1 私は穏やかに注意したつもりだったのだが、友人は〔　〕（　）立てて帰ってしまった。
2 次回の会議では、その問題が〔　〕（　）載せられる予定だ。
3 うちの社長は〔　〕（　）きかず、何でもマニュアル通りにする。
4 何回注意しても助詞を間違える学生がいる。正しい日本語を話そうという〔　〕（　）欠けるのだろうか。
5 先生がクラス代表として、積極的で自分の意見をはっきり言えるAさんに〔　〕（　）立てたのも当然だ。

　a 白羽の矢　　b 腹　　c 意識　　d 融通　　e 俎上

3 次の各文の（　）には適当な助詞を入れ、〔　〕には□から適当なものを選んで入れなさい。

A
1 山がけわしいその村では、人々は木を売って〔　〕（　）立てている。
2 込み入った話は間に〔　〕（　）立てて交渉した方がうまくいく。
3 直接売り込んだのは私だが、ここは上司の〔　〕（　）立てて上司の手柄にしておこう。
4 「もう少し〔　〕（　）立てて話してくれないと、意味がわからない

よ。」
5 「そんな細かいことに、いちいち〔　〕（　）立てるなよ。」

a 筋道　b 目くじら　c 顔　d 人　e 暮らし

B
1 「きょうは、私がごちそうしますよ。この店、〔　〕（　）利くんで安くしてもらいますから。」
2 霧がかかっていて〔　〕（　）利かないので車は置いていこう。
3 病人は〔　〕（　）効いてきたのか、ぐっすり眠っている。
4 先輩に〔　〕（　）利いてもらって、新しい取引先を開拓した。
5 この掛け軸は100年も前から我が家で大切に保管されてきたそうだが、一度〔　〕（　）利く人に見てもらおう。
6 最近は、家庭でも〔　〕（　）利くウールや絹製品が増えた。

a 顔　b 口　c 目　d 薬　e 洗濯　f 見通し

4　次の各文の（　）に□□から適当なものを選び、必要なら形を変えて入れなさい。
1 このクラスは言葉に対する意識が〔　〕、一つの表現を学習した際に、別の表現に言い換えるとどうなるかという質問がよく出る。
2 彼女は自分のせいで失敗をしても、悪かったという意識が〔　〕。
3 社長が入院し、役員の間で後継者問題が意識に〔　〕ようになった。
4 国際会議などが開かれても、まだまだ一般の人の地球環境保護に対する意識は〔　〕。
5 Aさんは、息子が交通事故にあったという連絡を受けたとたん、ショックで意識を〔　〕。

a 高い　b 低い　c 薄い　d 失う　e のぼる

5 次の各文の下線部を □ から選んだものを用いて〈ことば〉で扱われている表現に言い換えなさい。

1 経済対策ばかりが重んじられるが、人材を育成するために教育対策も会議の議題として取り上げられるべきだ。
　〔　　　　　〕

2 地球環境が破壊されつつあることに対して、対策をとらねばならない危険な状態にあるという考えを持たない人がいまだに多い。
　〔　　　　　〕

3 取引相手の課長が趣味でやっている写真の個展に、仕事で世話になっている礼儀としてしかたなく行って来た。
　〔　　　　　〕

4 客と応対する立場の人には、どんな状況になってもそれに合わせられる対応が求められる。
　〔　　　　　〕

　　a　義理　　b　気　　c　危機意識　　d　俎上

6 次の文章の〔　〕に □ から適当なものを選び、必要なら形を変えて入れなさい。

「最近の新入社員を見ていると、人間関係の〔①〕化を実感させられる。同期入社の者同士が、互いに切磋琢磨しつつ、新製品の開発に励むなどということは、ほとんどなくなってしまった。その反面、非常に自意識が〔②〕、先輩としての経験から仕事のアドバイスをしようと思っても、怒られていると感じるのか、ちょっとした言葉に〔③〕を立て、こちらの話を聞こうとしない。向上心が乏しく、連帯意識に〔④〕と言わざるをえない。」このような部長の発言をきっかけに、新規採用に関する人事部の会議で、新入社員への対応のしかたが俎上に〔⑤〕られた。

　　a　強い　　b　希薄　　c　載せる　　d　欠ける　　e　腹

●●●ユニット2　まとめの問題●●●

1　左と右を結びなさい。それぞれの語は一度しか使えない。
1　お墨付きを　　　　a　きく
2　俎上に　　　　　　b　載せる
3　上げ潮に　　　　　c　乗る
4　地に　　　　　　　d　得る
5　歯止めが　　　　　e　指される
6　拍車が　　　　　　f　落ちる
7　後ろ指を　　　　　g　かかる

2　次の各文の〔　〕に問1で作った表現を使い、必要なら形を変えて入れなさい。
1　今回の会議では、わが社の人材育成の方針が〔　〕予定だ。
2　ひとたび〔　〕信用を回復するのは、非常に大変だ。
3　試験管ベイビーが誕生して以来、不妊に悩む夫婦のための治療法の研究に〔　〕が、治療という名目で遺伝子操作がどんどん行われ人間の生命という意識が薄れてきている。すでに〔　〕状態になっているように思える。
4　小さなソフト会社だったA社も情報化時代の〔　〕、今や一部上場の大会社に発展した。
5　リサイクル材料のみを使って製造した商品が環境保護商品として指定され、関係省庁より〔　〕形になった。
6　父は実直な人で、「人に〔　〕ようなことはするな」が口癖だった。

3　左と右を結びなさい。
1　ひけを　　　　a　立てる
2　影が　　　　　b　入れる
3　気が　　　　　c　薄い
4　腹を　　　　　d　きく
5　力を　　　　　e　とらない

4 次の各文の〔　〕に問3で作った表現を使い、必要なら形を変えて入れなさい。

1 客：故障したときは、無料で修理してくれるんですか？
　社員：はい。わが社では、お客様に対するアフターサービスに〔　　〕おりますので。

2 社員A：先月入ったアルバイトの女の子、仕事は早いし、今時の若い子にはめずらしく、なかなか〔　　〕子だよね。
　社員B：そうだね。きのう新しく入ったバイトの学生も、あの子に〔　　〕くらい、感じのいい子だよ。

3 学生A：あれ？　今日Aくん欠席だった？
　学生B：そういえばいなかったね。Aくんて、全然目立たなくて何だか〔　　〕存在よね。

4 社員A：もう会議が始まるのにBさん遅いですね。
　社員B：それが、Bさんの企画書に課長がちょっと意見を言ったら、〔　　〕出て行っちゃったんですよ。

5 次の文章の〔　〕にA群、B群の□□□から適当なものを選んで〈ことば〉で扱われている表現を作り、必要なら形を変えて入れなさい。同じものを二度使ってもよい。

1 いつも最下位だった野球チームも、新監督の厳しい特訓によって〔①〕、このところ連勝して〔②〕いる。もう少しで優勝に手が届きそうな地元チームの活躍にファンの応援はどんどん〔③〕きた。

A群	a　波	b　熱	c　力	d　手
B群	e　乗る	f　帯びる	g　つける	h　上がる

2 今年90歳になる祖母は、当時の女性にはめずらしく、どんなに周囲に反対されようとも自分の〔①〕強い精神の持ち主であった。そして、自分の意見はいつでもはっきり主張するので、まわりの〔②〕こともしばしばあった。

A群	a 反感	b 期待	c 意志
B群	d 貫く	e 買う	f 込める

6 次の文章の〔　〕にA群、B群の　　から適当なものを選んで〈ことば〉で扱われている表現を作り、必要なら形を変えて入れなさい。同じものを二度使ってもよい。

　女性ばかりによる新しい党が〔 ① 〕。この党は男女平等社会の実現を〔 ② 〕、まずは国会議員の半数を女性にして、政治に対する女性の〔 ③ 〕ことを目指している。作家でありタレントとしても有名なAさんを〔 ④ 〕いるが、党員のほとんどは〔 ⑤ 〕が無名の普通の主婦やOLたちである。国会に議員を送り出すのはまだまだ先のことのようだが、それでも先月の選挙でこの党の趣旨に賛同し、〔 ⑥ 〕人の数は少なくない。これからも人々の声を反映して地道な活動が広がっていくだろう。

A群	a 一票	b 目標	c 代表者	d 旗	e 意識
B群	a 立てる	b 揚げる	c 投じる	d 高い	
	e 高める	f 掲げる			

ちょっとひと/き　お役所仕事

　「お役所仕事」を、計画通りに行われたミスのない仕事のように思った人もいるかもしれません。「〜仕事」の形で仕事のやり方を表した言葉に「やっつけ仕事」があります。これは、短時間でいい加減にやった仕事ということです。
- このレポートは締め切り直前にやっつけ仕事で書いたという感じだ。

　「〜仕事」が仕事の手段や内容を表している言葉に、「針仕事（針を使った仕事）」「水仕事（炊事や洗濯など水を使った仕事）」「立ち仕事（立ったままする仕事）」などがあります。
- 女性には刺繍や編み物など細かい手仕事が趣味だという人が多く、男性は重いものを動かすような力仕事が得意な人が多いようだ。

　その他、「一仕事した後のコーヒーはおいしい。」こんな表現もあります。みなさん、おいしいコーヒーが飲めるように、もう一仕事がんばってください。

ちょっとひとirk　大所帯

　「所帯」というのはもともと「結婚した1組」を表す言葉で、結婚することを「所帯を持つ」と言うことができます。また
- あいつは所帯持ちだから、仕事が終わっても、同僚の若い連中と飲みに行ったりしないようだ。

のような使い方もできます。さらに「〜所帯」を比喩的に用いて、「同じ場所や組織内にあるグループ」を表すこともあります。本文にあった「大所帯」というのは、その組織の構成員が多いということです。
- 僕の会社は、結婚退職した事務の女性の代わりに雇ったアルバイトの学生が二人とも男の子で、完全な男所帯になってしまった。

　「男所帯」は男ばかりで構成されている組織ということになります。
- あのビルには、飲食業から建設業、IT産業関連の会社までが入っていて、寄り合い所帯といった感じだ。

　「寄り合い所帯」は、様々な分野からできている組織のことです。

ユニット3　第1課

「先行き不安のメッセージ」
——さきゆきふあんのメッセージ——

下の文章は次のページの記事を簡単に書き換えたものです。

> 日米両国で急速に(1)株の値段が下がっている。景気をよくするためにアメリカは金利を下げている。しかし、株の値段に変化はなく、株式市場には(2)目立つような反応はない。日本政府も(3)近いうちに国会議員選挙があるので、景気をよくしたいと考えて、(4)国の資金で株を買ったりしている。しかし、景気回復の(5)進み方が不安定でしっかりしていない。株の値段が低い状態なのは投資家が将来に対し不安を抱いていることの現れである。

この文章の下線部の意味に近い表現になるように、□□の中の言葉を使って言い換えてみましょう。

(1) 株の値段が下がる　　　　　→　　株価が値を〔　　〕
(2) 目立つような反応がない　　→　　反応が〔　　〕
(3) 近いうちに国会議員選挙がある→　国会議員選挙を〔　　〕
(4) 国の資金で株を買う　　　　→　　国の資金を株式市場に〔　　〕
(5) 進み方が不安定でしっかりしていない
　　　　　　　　　　　　　　　→　　足取りが〔　　〕

> a　鈍い　　b　投じる　　c　控えている　　d　崩す　　e　おぼつかない

解答　　(1) d　　(2) a　　(3) c　　(4) b　　(5) e

先行き不安のメッセージ

　　株式市場が**下げ足を速めている**。東京証券取引所の平均株価を見ると、年初から5日間の取引で580円も下げた。企業が**決算を締める**年度末をにらんで不安心理が金融市場に広がってきた。
　　好況と株高の好循環を続けたニューヨーク市場は**息切れ気味**である。相次ぐ利下げにも**反応は鈍い**。日本では、企業同士で抱えてきた持ち合い株の処分をきっかけに**値を崩す**銘柄が目に付く。投資信託や年金などは、大量の資金を株式に投じている。
　　株価の落ち込みは、回復への足取りがおぼつかない景気に**冷水を浴びせる**。夏に**参院選を控えている**与党内には、銀行に株売りを自粛させる、公的資金で買い支える、といった対応策が、浮き沈みしている。その手の介入は効果が少ないだけでなく、市場をゆがめ、日本の**信用を落とす**だけだ、ということを強調したい。株式市場には、個人、機関投資家、日本人、外国人などから、短期投資、中長期投資といったさまざまな目的や思惑をもった資金が投じられている。
　　個別の株価は揺れ動くことはあっても、全体としては、景気の先行指標とか、経済政策の信認度合いを示す、と言われる。低迷は、投資家の総意としての株式市場が発している先行き不安のメッセージである。

(朝日新聞　2001.1.12.)

●●●ことばの意味●●●

株式市場 the stock market　　下げ足 downward trend　　東京証券取引所 Tokyo Stock Exchange　　株価 stock price　　決算を締める to settle all accounts　　金融 finance　　金融市場 money market　　好況 good business conditions　　株高 high stock prices　　循環 circulation　　息切れ気味 slow tendency　　相次ぐ successive　　利下げ lowered interest rate　　持ち合い株 interlocking shareholding　　処分 disposal　　値を崩す to lower stock prices　　銘柄 issues (of a stock)　　投資信託 investment trust　　年金 pension　　足取り footing　　おぼつかない unsteadily　　冷水を浴びせる to pour cold water over　　参院選 election of the House of Councilors　　与党 ruling party　　自粛 to voluntarily reduce something　　公的資金 public funds　　買い支える to support operations by buying　　浮き沈み ups and downs　　その手 the specific measures　　介入 intervention

ゆがめる to distort　　信用 trust　　機関投資家 institutional investor　　短期投資 short term investment　　中長期投資 middle or long term investment　　思惑 expectation　　揺れ動く to fluctuate　　先行指標 advanced index of economy　　信認 trust　　度合い degree　　低迷 being sluggish

●●●ことば●●●

1　下げ足を速める＊：下降の速度が速い
　　＊対応する自動詞形は「下げ足が速まる」
　・景気の先行きに対する不安から、円の外国為替レートは下げ足を速めている。
　・アメリカで株が暴落して以来、日本の市場でも株価は下げ足を速めている。

2　決算を締める：決算をする
　・日本の会計年度は4月から始まる1年である。3月は決算を締めるので経理課は大忙しだ。
　・決算を締める過程で職員の横領が発覚した。

　|締める|
　⇒勘定を締める／帳簿を〜／レジを〜（売り上げの計算をする）
　・毎月25日にその月の勘定を締める。
　・店では、レジを締めてから帰る。

3　息切れ気味である：疲れて行動に元気がなかったり呼吸が正常に行なえなかったりする状態、〈比喩〉長く続く仕事の中で疲れがでてくる状態
　・陸上競技の10000メートルの最後の1周で何人かの選手が遅れ出した。皆、息切れ気味だ。
　・次々に新しい流行を作り出してきた新進デザイナーも息切れ気味なのか最近は斬新な作品を生み出していない。

[息切れ]

⇒ **息切れする**（呼吸をするのが難しい。〈比喩〉活動に生彩を欠く）。

- 電車に乗り遅れそうになったので駅まで走ったら息切れしてしまい、なかなか息がもどらなかった。
- 運動不足になると、階段を上るだけで息切れしてしまう。
- 経済成長率が見通しのように上がらない。急成長してきてこのところ息切れしているようだ。

[息]

❖ 呼吸の表現

⇒ **息を吸う／〜を吐く／〜をする**

- レントゲンを撮るときに、レントゲン技師は「大きく息を吸って、止めて、吐いて」と言う。
- ほこりっぽい所を歩くときは、息をしたくない気分になる。

❖ 生死の表現

⇒ **息がある**（呼吸している）／**〜がない**（死んでいる）／**〜をひきとる**（死ぬ）／**〜が絶える**（死ぬ）／**〜を吹き返す**（死にそうであったものが生き返る）

- 波にのまれたサーファーは海から引き上げられた時息がなかったが、レスキュー隊員が人工呼吸をしたら息を吹き返した。
- 交通事故の被害者は救急車で運ばれている時まだ息があったのだが、手術中に息をひきとった。
- ロックコンサートで興奮のあまり意識不明に陥った若者たちは、しばらくしたら息を吹き返して大事には至らなかった。

❖ 緊張の様子の表現

⇒ **息が詰まる**[*1]（自由に呼吸ができないようになる）／**〜を詰める**[*2]／**〜をのむ**（驚く）

- 会社の企画会議で偉い人が並んでいる席にいると、緊張して息が詰まる。
- ピアノコンクールの優勝の発表を息を詰めて待っていた。
- 洪水の惨状を目の当たりにして息をのんだ。

　*1「息詰まる」という言い方がある。
　　・サッカー決勝戦は1点を争う息詰まる熱戦だった。

＊2「息を詰める」は「息を詰めて」と使うことが多い。

❖ 呼吸の様子の表現
⇒ **息を弾ませる**（うれしいことで興奮し呼吸が激しくなる）／**〜をきらす**（苦しくなるほど呼吸が荒くなる）／**〜がきれる**／**〜が続く**（呼吸を止めていられる）

- 何か楽しいことがあったのだろう。子供たちが息を弾ませて走って来る。
- 階段を上がると、息がきれる。
- アワビを採る人たちは道具をつけずに、海に潜って3分ぐらい息が続く。

4 **反応が鈍い**：目立つような反応がない
- 新製品を売り出したが、消費者の反応は鈍い。
- Aさんは反応が鈍くて何か質問してもなかなか答えられない。

|反応|

❖ 反応の提示の表現
⇒ **反応がある**／**〜を示す**／**〜を見せる**
- 薬を変えてみたら、その効果を示す反応があった。
- 植物人間と言われる人々も家族の呼び掛けに反応を示す場合がある。
- サミットでの首脳の発言に各国の株式市場はただちに反応を見せた。

❖ 反応を知る表現
⇒ **反応を見る**
- 精神分析では、絵に対する患者の反応を見て診断をする方法がある。
- ペットも人間の反応を見ながら行動しているようだ。

5 **値を崩す**：値が下がる
- 世界各地の証券取引所でIT関連の株価が値を崩した。
- キャベツがとれすぎ、値を崩している。

|値|

§ 取引市場で決まる値
⇒ **値を持ち直す**（株取引や商品取引市場でいったん下がった値が元の値に戻る）／**〜が出る**（取引市場で高い値段がついたり価値が高くなったりする）／

～をつける（取引市場で値が決まる）／**～がつく**
- 鉄鋼株は午前中値を崩したものの、取引終了間際になって大量の買い注文が出て値を持ち直した。
- この画家の絵は今は大した値はついていない。しかし、将来値が出るだろう。

§ **価格**
⇒ **値が張る**（値段が高い）
- 大量生産ではない手造り家具などは値が張るが、長く使えるから結局は賢い買い物となる。

|崩す| p.32参照

6　**目に付く**：目立って見える
- 紫外線防止のためか日本でも街中で帽子をかぶっている人が目に付くようになった。
- 新しくできたホテルのロビーに入ると、真っ先に目に付くのは豪華なシャンデリアだ。

7　**資金を株式に投じる**：株式を買う
- 機関投資家は顧客から集めた資金を株式に投じている。
- 我が社では資産運用の目的で資金を株に投じている。

|投じる|
§ 資金などを何かの活動に使う
⇒ **資本を投じる／私財を～／人材を～**
- 経営規模の拡大のため、設備の拡充に巨額の資本を投じる必要がある。
- A氏は発展途上国に私財を投じて学校を建設した。
- プロジェクトの達成には多くの人材を投じなければならない。

§ 投票する
⇒ **一票を投じる**＊
- 候補者個人に一票を投じるのか政党に一票を投じるのか悩む。
- 棄権しないで一票を投じることが国政に参加することになる。

＊単なる「票を入れる」と違い投票の権利を行使するという意味がある

一石を投じる〈慣用〉：一つの問題を投げ掛ける
- 沈滞ムードの学会に若手研究者の発言が、一石を投じた。

8　**株価の落ち込み**：株の値段が大きく下がること⇔株価が落ち込む
- 株価の落ち込みで、企業の実質的な資産は減少している。
- 大統領や首相などの発言一つで株価が落ち込むことがある。

|落ち込む|＊

⇒**売り上げが落ち込む／生産量が～／収穫高が～／赤字に～**
- 景気の良い時期と比べると、多くの工業製品の生産量が落ち込んでいる。その結果、売り上げも落ち込んでいる。
- 天候の影響か、穀物の収穫高が世界的な規模で落ち込んでいる。
- 売り上げが伸びず、今期の決算では赤字に落ち込んだ。

　＊「落ち込む」は精神的に元気がない状態の表現にも使う。その場合「落ち込んでいる」と言う。
　　・大学入試に失敗した息子はすっかり落ち込んでしまっている。

9　**足取りがおぼつかない**：歩き方がしっかりしていない、〈比喩〉進み方がしっかりしていない
- 老人はおぼつかない足取りで背を丸くして歩いている。
- 政府は景気対策をとっているが計画通りに進まず、経済発展の足取りはおぼつかない。

|足取り|

§歩く様子

⇒**足取りが軽い／～が重い**
- どんなに朝早くても、遊びに行く時は足取りが軽くなる。
- 社員に解雇を言い渡さなければならない日、課長の足取りは重く見えた。

§誰かが動き回った道筋

⇒**足取りを追う／～をつかむ**
- 警察は被疑者の足取りを追っているが、居所をつきとめるまでにはいっ

ていない。
- 行方不明になった探検家の足取りがつかめないので、家族の不安は大きくなる一方だ。

おぼつかない

⇒足元がおぼつかない／手元が〜／手付きが〜
- やっとつたい歩きを始めた子供の足元がおぼつかない様子はなんとも微笑ましい。
- 子供が炊事の手伝いをしてくれるのはうれしいが、包丁を持つ手元がおぼつかなくハラハラしてしまう。

10 冷水を浴びせる〈比喩〉：不安に陥れる
- 不安を助長する発言で冷水を浴びせるようなことはするべきではない。
- 安全だとされていたある医薬品に致命的な副作用がありうるという発表があった。服用している私は冷水を浴びせられたような気持だ。

浴びせる

⇒罵声を浴びせる／非難を〜／質問を〜／砲火を〜

浴びる ⇒罵声を浴びる／非難を〜／質問を〜／砲火を〜／賞賛を〜*／喝采を〜*／脚光を〜*

- 被害者に誠意を見せない会社に対し被害者の会のメンバーは罵声を浴びせた。
- よく国会の廊下で記者たちは総理を取り囲んで質問を浴びせる。
- 鮪を世界の海から輸入している日本は非難を浴びている。
- アカデミー賞の受賞式で賞に輝いたスターは多くの人々から賞賛を浴びた。
- 橋の景色の美しい町だったが、砲火を浴びて今は見る影もない。

＊普通「賞讃、喝采、脚光を浴びせる」とは使わない。

11 参院選*を控える：参院選が近い時期にある
- 参院選を控えているので、各政党とも候補者選びをしている。
- 選挙を控えたこの時期、選挙管理委員会は準備に追われている。

＊行事を表わす語がくる。

[控える]
§近いうちに行事がある＊
⇒結婚式を控えている／結婚を～／就任式を～／就任を～
・来月結婚を控えているので、独身時代最後の旅行に親友と出かけた。
・来週の大統領の就任式を控え、パレードの沿道の警備が厳しくなっている。
＊この意味の場合、文末で使う時は「～ている」の形になる。

§実行しない
⇒発言を控える／外出を～／酒を～
・報告が全て終わるまで、発言は控えてください。
・暑い日は、熱射病や熱中症などにならないためにも外出は控えたほうがいい。
・胃の調子が悪いので、酒を控えるように医者に言われた。

§メモをとる
⇒電話番号＊を控える／次の日取り＊を～／名前＊を～／住所＊を～
・緊急連絡先の電話番号を控えてください。
・検査の結果は来週になりますので、次の来院の日取りを控えてください。
・旅行の時は、宿泊しているホテルの名前と住所と電話番号を控えておくといい。
＊ここに用いられるのは忘れないように書いておきたいこと。

12 **信用を落とす**＊：あった信用を失う
＊対応する自動詞形は「信用が落ちる」
・「する」と言ったことをしないと、信用を落とす。
・売り上げを伸ばそうと、誇大宣伝をすると結局は信用を落とすことになりかねない。

[信用]
※信用があることにかかわる表現
⇒信用がある／～を得る／～にかかわる

・この中古車販売店は信用があるから、安心して車が買える。
・欠陥商品を売っていながら、リコールにも応じないというのは信用にかかわることだ。

❖ 信用がないことにかかわる表現

⇒ **信用がない／〜をなくす／〜を失う**
・子供と休みの日に遊びに行く約束をしても守れなかったことが多く、最近は子供に信用がない。
・ロケット打ち上げの失敗が重なり、日本は科学技術力の信用を失った。

ちょっとひといき　比喩的名詞

　雪だるまを作ったことがありますか。初めは小さな雪の塊も転がしていくうちにみるみる大きくなります。「赤字が雪だるま式に増えた」と言えば、見る間に赤字が増えていく様子を比喩的に言ったものです。
　「ガラス張りの政治」と言えば、ガラスでできた部屋ならば中までよく見通せることから、秘密がなく公明正大であることをたとえています。
　このような比喩的な言葉には、様々な背景があります。「踏絵」というのは、キリスト教の信仰が禁じられた江戸時代にキリスト教徒であるかどうかを試すため、マリア像などを踏ませたという歴史から、ある人の主義や立場を試すものという意味で使われます。氷山というのは水上に出ている部分よりも水面下の方が大きいので、「氷山の一角」というと、明らかになった部分が全体のほんの一部分であることを表します。

・今回明るみに出た事件は氷山の一角にすぎない。実際には多くの同様の事件があるのだ。

　こうした比喩的名詞は、「〜式に」のように副詞的に用いたり、「〜だ」の形になったりと用法がそれぞれ違うので注意しましょう。

●●●練習問題●●●

1 左と右を結びなさい。それぞれの語は一度しか使えない。
1 下げ足を　　　　　　a　投じる
2 決算を　　　　　　　b　おぼつかない
3 値を　　　　　　　　c　落とす
4 株価が　　　　　　　d　速める
5 資金を会社に　　　　e　崩す
6 冷水を　　　　　　　f　浴びせる
7 信用を　　　　　　　g　落ち込む
8 足取りが　　　　　　h　締める

2 次の各文の〔　〕に□から適当なものを選び、必要なら形を変えて入れなさい。

A
1 息を〔　〕と空気は肺に入り、息を〔　〕と肺の中の空気が押し出される。
2 息が〔　〕人を脳死と判定するのには抵抗がある。
3 入学試験を受けた時、解答用紙が配られてから試験開始までのあいだは緊張と不安で息が〔　〕ような感じがした。
4 コスモスが一面に咲いている高原に行った。その花の美しさに息を〔　〕。

   a ある　b のむ　c 吐く　d 詰まる　e 吸う

B
1 世界的な大きな事件があると、株価が値を〔　〕ことがある。
2 骨董品を扱うオークションで、ナポレオンの帽子に高い値が〔　〕そうだ。
3 GDPが前年比マイナスとなったことが判明し株価が一気に〔　〕。しかし、政府が金融市場介入し値を〔　〕取引きを終了した。

4 「この皮張りの椅子は高かったでしょう」「ええ、値が〔　〕ましたが、布製より長く使えると思いますからいい買物だと思います」
5 若手陶芸家の作った壺を持っている。まだ、高くはないが将来きっと値が〔　〕だろう。

```
a 持ち直す　b つく　c 出る　d 張る　e 崩す　f 下がる
```

3 次の各文の〔　〕に□□から適当なものを選び、必要なら形を変えて入れなさい。同じものを二度使ってもよい。

A
1 冷夏で作物の収穫量が昨年より大分〔　〕いる。
2 お酒を飲むと足元が〔　〕なる。
3 体調が優れないので、お酒を〔　〕いる。
4 店を閉めてから、毎日帳簿を〔　〕帰る。
5 株価が低迷し、証券市場では今日も製薬会社の株が値を〔　〕。
6 台風が近づいているので外出を〔　〕いる人が多い。
7 警察は殺人犯の目星をつけたが、まだ、足取りは〔　〕いない。
8 団体交渉では、罵声を〔　〕いても、解決はできない。冷静に話す姿勢が大切だ。
9 物忘れが激しく、会議の日程を〔　〕おかないと心配だ。

```
a 崩す　b 落ち込む　c つかむ　d おぼつかない
e 控える　f 締める　g 浴びせる
```

B
1 最近健康食として日本食が脚光を〔　〕いる。
2 私財を〔　〕、難民の教育基金を設立した。
3 川の水が増えている。住民は堤防が決壊するのではないかと息を〔　〕水面をじっと見ている。
4 点を取ったり取られたり、抜いたり抜かれたりする試合を見ているときは息が〔　〕ような気がする。

5 約束を守らないと、信用を〔　〕ことになる。
6 生鮮食料品は市場で取引きされて値が〔　〕。
7 こちらの商品は少々値が〔　〕ますが、いい品物です。
8 遅刻しそうになったので、走ったら息が〔　〕しまった。
9 マラソンでゴールした人々はしばらくの間息を〔　〕いた。
10 選挙では国民の一人として一票を〔　〕ことによって、個人としての意思表示をすることができる。

```
a 張る    b 投じる   c 詰める   d 浴びる   e 落とす
f つく    g きれる   h 詰まる   i はずませる
```

4 （　）に適当な助詞を入れなさい。
1 まだ息（　）あるから、早く病院に運びましょう。
2 今期の決算は赤字（　）落ち込みそうだ。
3 宝くじであたった賞金を全額株（　）投じた。
4 信用（　）かかわる。
5 A氏は仕事が確実で、同僚全員から厚い信用（　）ある。

5 次の各文の（　）には適当な助詞を入れ、〔　〕にはA群の▢から適当なものを選び、必要なら形を変えて入れなさい。さらに、下線部の表現の意味として適当なものをB群の▢から選びなさい。
1 最近、外車が目（　）〔　〕。
2 子供たちの素直な発言が大人の社会に一石（　）〔　〕ことがある。
3 雨上がりの空に見事な虹が出た。息（　）〔　〕ほどの美しさだった。
4 体調がすぐれないので、酒（　）〔　〕いる。

A群　a 控える   b のむ   c つく   d 投じる

B群
```
a  とても感激したり、驚いたりしている状態
b  平穏だったところに問題を提起する
c  普段することをしていない
d  よく見る
```

6 次の各文章の〔　〕に　　から適当なものを選び、必要なら形を変えて完成させなさい。

1　最近、世界的に〔 ① 〕ことが大きなニュースになっている。日本の証券取引きの市場でも1万円を下回りそうな株が〔 ② 〕。IT関連の株を中心に〔 ③ 〕銘柄が多い。

```
a  目に付く      b  値を崩す      c  株価が落ち込む
```

2　公共事業に国庫から〔 ① 〕雇用の機会を増やそうとしても、労働市場からの〔 ② 〕。発表されるたびに失業率が高くなっている。その数字に求職活動中の人々は〔 ③ 〕ような気持になるのではないだろうか。

```
a  冷水を浴びせられる    b  資金を投じる    c  反応が鈍い
```

3　風が強いのでしばらく〔 ① 〕いたが、顧客を訪問する約束を守らないと〔 ② 〕ことになるので外に出た。風に飛ばされそうになり、〔 ③ 〕そうだった。〔 ④ 〕がなんとか歩いて、やっと駅までたどりついた。

```
a  バランスを崩す        b  足元がおぼつかない
c  信用を失う            d  外出を控える
```

ユニット3　第2課

衰退を招く『即戦力重視』
——すいたいをまねく『そくせんりょくじゅうし』——

下の文章は次のページの記事を簡単に書き換えたものです。

> 就職状況は(1)少しよくなってきた。しかし、来年社会に出る人にとっては必ずしもうれしい状況とは言えない。企業側はすぐ仕事で使える人が欲しいと考えているからである。不況の中で目の前の利益のことだけを考えているのだ。企業というものは(2)より大きな利益を求めている。だから、育てるのに時間のかかる新卒者を望まないのだ。だが、私はこれからの日本を支える人材を育てない社会は(3)うまくいかないのではないかと心配している。(4)将来のことを考えて雇用計画をたててほしいと思う。

この文章の下線部の意味に近い表現になるように、☐の中の言葉を使って言い換えてみましょう。

(1) 少しよくなってくる　　　　→　薄日が〔　　〕
(2) より大きな利益を求める　　→　利益を〔　　〕
(3) うまくいかないのではないと心配する→　危機感を〔　　〕
(4) 将来のことを考える　　　　→　将来を〔　　〕

| a 見通す　　b 抱く　　c 追う　　d 差し込む |

解答　(1) d　(2) c　(3) b　(4) a

衰退を招く『即戦力重視』

　来春の新卒業生採用動向を取材して、危機感を抱き始めている。企業が即戦力を重視し、人を育てることをおろそかにしているのではないか、という点にだ。企業は「競争に生き残るため」という大義名分を掲げるが、目先の利益を追うあまり、将来を見通した本当の経済合理性を見失っていないか。人を大切にしない日本経済、社会には衰退が訪れるだろう。

　毎日新聞が実施した来春の採用計画調査では、31％の企業が「増やす」と回答。昨年の9.5％から大幅に改善し、氷河期と呼ばれてきた就職情勢に薄日が差し込んだことが分かった。しかし、突っ込んで取材をすると、企業側は新卒採用よりも専門性が高い人材、派遣社員や中途採用に意欲的だった。不況で基礎体力が弱まった企業は育てるのに時間のかかる新卒ではなく、即戦力に活路を見いだそうとしている。

　バブル経済の崩壊、規制緩和による競争激化にさらされた企業は、終身雇用や年功序列に象徴される日本型雇用を見直してきた。勝つために即戦力の人材確保や、能力主義に基づく給与体系の導入を強めている。

　それが新卒採用の現場にも押し寄せてきた。横並びの初任給は崩れつつあり、採用時の能力で給与格差をつける会社も現れた。

　21世紀最初の新入社員になる就職活動がピークを迎えている。経営のトップは一度立ち止まり、雇用計画をじっくりと考え直してほしい。21世紀の中軸社員を育てるという視点を大切にして。この視点を忘れた企業には発展がなく、どん底に向けて進むだけだろう。

　経営者は今こそドンと腹を据え、長期的戦略を考えるべきだ。人を育てることなくして企業の生き残りはない。「グローバル化」を追い求めるだけではなく、日本企業が培ってきた良さを再認識してほしい。仕事とは何か、人を育てるとは何かを真剣に考えたい。

（毎日新聞　2000.5.10.）

●●●ことばの意味●●●

採用動向　employment trends article)　　企業　corporation

取材する　to collect information (for a newspaper 即戦力　immediate competitive strength　　おろそ

かにする to neglect　　生き残る to survive　　大義名分を掲げる to have a good reason (to do)　　目先の利益 immediate profit　　合理性 rationality　　見失う to lose tract of　　衰退 a decline　　実施する to conduct　　調査 survey　　回答 response　　改善 improvement　　氷河期 the ice age　　就職情勢 employment conditions　　突っ込む to inquire deeply　　専門性 professional　　人材 talented person　　派遣社員 a temporary employee　　中途採用する to be hired midway through the year　　意欲的 eager (for)　　不況 depression　　基礎体力 basic strength　　活路を見い出す to find a means of survival　　崩壊 collapse　　規制緩和 deregulation　　終身雇用 life time employment　　年功序列 seniority system　　日本型雇用 Japanese-style employment (system)　　給与体系 wage structure　　導入 introduction　　現場 scene of actual operation　　押し寄せる to surge　　横並び no margin　　初任給 starting salary　　給与格差 wage differential　　じっくり carefully, thoroughly　　中軸社員 (employees who are) the backbone　　視点 point of view　　どん底 the depths, the worst　　腹を据える to be prepared for　　戦略 strategy　　生き残り survival　　グローバル化 globalization　　真剣に seriously

●●●ことば●●●

1　危機感を抱く

・クローン技術の開発など科学の自然の摂理を忘れた発展に人類滅亡への危機感を抱いている。

・機関室の消火に手間取っている。船員たちは船が沈没するのではないかと危機感を抱き始めた。

抱く
◇夢や希望などを持つ表現
⇒憧れを抱く／夢を〜／思いを〜／大志を〜（高い目標を持つ）／イメージを〜／理想像を〜／希望を〜

・子供の頃から留学するという憧れを抱いていたから、実現してとてもうれしい。

・「少年よ。大志を抱け」という言葉は明治時代初めに北海道大学に来たクラーク博士という人の言葉だ。

・初めての国を訪れたり、初めての人に会ったりするときはどんな国か、

どんな人かといろいろなイメージを抱くものだ。

❖不安や心配などを持つ表現
　⇒疑問を抱く／危惧を〜／反感を〜
・科学の発展が人間の尊厳を犯しかねないという危惧を抱いているのは私だけだろうか。
・思春期の子供たちは親や社会の秩序に反感を抱いたりするものだ。

2　大義名分を掲げる：だれにでも説明できる理由を前面に出す
・争いは、双方が正義という大義名分を掲げて始まる。
・国民のためという大義名分を掲げてどれほど多くの戦争が行われてきたことか。

|掲げる2|
§何かを目立つようにさせる
　⇒旗を掲げる／看板を〜／プラカードを〜
・観光地ではツアーコンダクターが旗を高々と掲げて団体客を連れて歩いている姿を見かける。
・京都、奈良の老舗には店の屋根の上に看板を掲げているところが多い。
・オリンピックの入場行進では、国名が書かれたプラカードを掲げた人に続いて選手団が入場してくる。

|掲げる1|　p.54を参照

3　目先の利益を追う：近い将来の利益だけを考える
・開店したばかりの時期は、利益は出ないものだ。目先の利益を追うのではなく半年先、1年先を考えなさい。
・目先の利益を追ってばかりいないで、地に足の着いた暮らしをしなさい。

|利益|
§経済活動から得られるもの
❖利益を得ることを表す表現
　⇒利益を追求する（より大きな利益を手に入れようとする）／〜を求める
・企業経営は利益を追求する活動だ。しかし、ただ利益を追求すればい

いのではなく環境や人間の暮らしにも配慮する心配りが大切である。
・より大きな利益を求めて、人件費の安い地域で生産をする企業が増えている。

※利益があることを表す表現
　⇒利益が出る／〜を出す／〜を得る／〜が生まれる／〜を生む／〜があがる／〜をあげる／〜がある
　・開業して１年、やっと利益が出るようになった。
　・当然のことながら輸入したものであっても、国内で生産したものであっても売れなければ利益は生まれない。

§ためになること
　⇒利益を考える／〜をはかる
　・弱者の利益を考えた町造りが求められる。
　・ある特定の人にだけ利益をはかるような行政はよくない。

追う

§後ろをついていく
　⇒後を追う／影を〜
　・幼児は母親の後を追って歩いている。
　・業界をリードするには他社の後を追うのではなく一歩先を行く必要がある。

§目標に向かい、それを達成するように努力する
　⇒夢を追う／理想を〜
　・生涯、夢を追い続けるのは難しい。
　・六大陸の最高峰に登るという夢を追っていたら、自然環境を守ることの重要性に改めて気付かされた。
　・あまりに理想を追っているとなかなか結婚相手は見つからないだろう。

§出来事が起こった順番に進む
　⇒順を追う*
　・「何があったんですか。」「順を追って話してください。」
　・「今回の出来事の順を追うと以下の通りです。…………。」

§一日、ひと月、一年を単位として進む

⇒ 日を追う*／月を〜／年を〜
- 手術後、日を追って快方に向かっている。
- 寒い日が続き、日を追って湖面は氷でおおわれていく。全面結氷ももうすぐだろう。
- 10代後半の少年少女たちは年を追うごとに大人びていくのが分かる。
    * 「順を追う」「日を追う」などはそれぞれ「順を追って」「日を追って」の形で使うことが多い。

4　将来を見通す：将来のことを考える
- 家計でも若いうちから将来を見通した資金計画をたてる必要があるだろう。
- 金融が不安定なときは、将来を見通すことは大変難しい。

見通す *1
⇒ 先行きを見通す／入学後*2を〜／地震のあとの混乱*2を〜
- 株式投資をしている人は、経済の先行きとか、ある特定の企業の先行きなどを見通して投資するのだろう。
- 子供達の卒業後を見通して夫婦での旅行の計画を立てている。
    *1 「見通し」という言い方がある。
        - 資金の調達ができて、医院開業の見通しが立った。
    *2 入学後だけではなく、卒業後、入社後、退職後、就職後など「○○後」という言い方や「地震」の例のように何かが発生したあとの状態を示す語句を用いる。

5　薄日が差し込む：（悪い状況が）少しは好転する様子がみえてくる
- 低迷していた株価が若干あがった。経済状況に薄日が差し込んだようだ。
- 何をしてもうまくいかず真暗闇の中にいたが、描きためた絵がようやく売れ始めて薄日が差し込んできたと実感している。

日
❖ 太陽の光を表す表現
⇒ 日が陰る／〜が出る
- 雲が出てきて日が陰った。

- 夕立ちが去り、まぶしい夏の日が出てきた。

§ 太陽が出ることや沈むことを表す表現

⇒ 日が昇る／〜が上がる／〜が出る／〜が落ちる／〜が沈む／〜が暮れる

- 東京では、夏至の頃は４時頃日が昇るが、冬至のころは６時頃日が昇る。
- 日が落ちたら急に温度が下がった。

§ 日中を表す表現

⇒ 日がある／〜が高い

- 暗くなると危ないから、日があるうちに帰ってきなさい。
- 日本では日が高いうちからお酒を飲んでいると非難される。しかし、昼食の時にお酒を飲む習慣のある国もある。

差し込む

⇒ 光が差し込む（光線が入ってくる、〈比喩〉状況が好転する）／月明かりが〜／明かりが〜／光明が〜（状況が好転する）

- カーテンの隙間から朝の光が差し込んでいる。
- 月明かりが差し込む部屋はそれだけで明るい。
- 意識不明の状態が続いていたが、刺激に対し反応し始めた。回復に向かい光が差し込んだような気がする。
- 失業して失望のどん底にいたが、履歴書を送った会社から面接の通知をもらい光明が差し込んだような気がする。

6 活路を見い出す：生きていく道をみつける

- 米の生産が制限されて以来、果樹栽培に活路を見い出している農家が多い。
- チェスの大会で絶体絶命だと思われたが、相手のミスに救われて活路を見い出し結局勝利をものにできた。

見い出す

⇒ 人材を見い出す／才能を〜／価値を〜

- 人材を見い出し、適材適所に人を配置することは企業活動を円滑に進めるのに不可欠なことだ。
- あのヴァイオリニストは子供のころに才能を見い出され、高名な指導者のもとで英才教育を受けた。

- 子供一人一人の価値を見い出し、それを伸ばしてやることが幼児教育で重要な点である。

7 **ピークを迎える**：最も盛んな時になる
- 苺の出荷のピークを迎えている農家では摘み取りと出荷に追われている。
- オリンピックの年には、選手たちはオリンピックの競技日に調子や体力のピークが迎えられるように調整するそうだ。

[ピーク]
⇒ ピークに近づく／〜に達する／〜にある／〜を過ぎる／〜を越す
- サッカーの決勝戦で、ロスタイムに優勝ゴールが決まり観客の興奮はピークに達した。
- 私の会社ではフレックスタイム制度を導入している。ラッシュアワーのピークを過ぎてから出勤できるので助かっている。
- 最近は気温が30度を下回る日もあり、暑さのピークを越したようだ。

8 **腹を据える**＊〈慣用〉：反論などを覚悟をして行動をする
　　＊対応する自動詞形は「腹が据わる」
- 何をするにも、腹を据えてしっかりとしなければならない。
- 企業活動は何が起こるか分からないのだから腹が据わっていないと社長は務まらない。

●●●練習問題●●●

1 左と右を結びなさい。
1 危機感を　　　　　a 追う
2 利益を　　　　　　b 見通す
3 将来を　　　　　　c 迎える
4 薄日が　　　　　　d 差し込む
5 ピークを　　　　　e 抱く

2 次の各文の〔　〕に　　から適当なもの選び、必要なら形を変えて入れなさい。それぞれの語は一度しか使えない。

A
1 台風で被災した人々のあいだにも、復興が進むと日を〔　〕明るさが戻ってきた。
2 緯度の高い地域では朝、日が〔　〕時刻が夏と冬ではずいぶん違う。
3 夕焼けは日が〔　〕時、西の空が赤くなる現象をいう。
4 日が〔　〕と思ったら、雲がみるみるうちに広がり、突然大粒の雨が降ってきた。
5 昔は、農作業など外での労働は日が〔　〕うちにしかできなかった。

　a ある　　b 沈む　　c 追う　　d 陰る　　e 出る

B
1 賃金の低い地域へ工場移転を行ったら、一気に1.5倍も利益が〔　〕。
2 商品の在庫をなくすために利益が〔　〕なくても仕入れ値より安い値で売ることがある。
3 出費を抑えて利益だけを〔　〕企業では、個性ある社員は育たない。
4 新卒者を育成し彼らが利益を〔　〕までに、しばらく時間がかかる。

　a 上がる　　b 出る　　c 追求する　　d 生む

3 次の各文の（　）には適当な助詞を入れ、〔　〕には□から適当なもの選び、必要なら形を変えて入れなさい。

1　私は都会暮らし（　）憧れ（　）〔　　〕東京に出てきた。
2　呉服の老舗のA屋は今も「創業江戸年間」という看板（　）〔　　〕いる。
3　経営計画を立てるときは将来（　）〔　　〕考えなければならない。
4　企業の第一義的な目的は利益（　）〔　　〕ことだ。
5　私の部屋は窓から朝日（　）〔　　〕から、早く目が覚める。

　　a　抱く　　b　掲げる　　c　差し込む　　d　追求する　　e　見通す

4 次の各文の〔　〕に□から適当なものを選んで入れなさい。

A
1　何もかもコンピュータで処理するようになったが、予想もつかないトラブルが生じるのではないかという〔　　〕を抱いている。
2　沖に出ていた漁船は、「大漁」の〔　　〕を掲げて帰ってきた。
3　時間の経過にそって出来事を〔　　〕を追って話してください。
4　〔　　〕を見通して時間の使い方を考えている。
5　お酒を飲むのは〔　　〕が落ちてからにする。

　　a　退職後　　b　危惧　　c　順　　d　日　　e　旗

B
1　デモ行進をする時は、〔　　〕を〔　　〕に書いてそれを掲げて歩く。
2　あの人はまじめだという〔　　〕を抱いていたが、毎晩夜遊びをしていると聞いて驚いた。
3　記憶力はある年令を境に落ちていく。物忘れが激しくなった私は記憶力の〔　　〕は過ぎてしまっているだろう。

　　a　イメージ　　b　スローガン　　c　ピーク　　d　プラカード

5 下の各文の｛ ｝から適当な方を選びなさい。

1 子供の頃から宇宙飛行士になるという ｛ a 夢を掲げてきた。 / b 夢を追い続けてきた。 ｝

2 古代遺跡の遺構の出土品から毎日新しい発見があり、その時代の人々の暮らしが ｛ a 日を追って / b 順を追って ｝ 明らかになっている。

3 初恋の彼への ｛ a 夢を抱き続けてきた。 / b 思いを抱き続けてきた。 ｝

4 科学技術の発達が人類を滅亡に追い込んでいるのではないかという ｛ a 危惧を抱いている。 / b 疑問を抱いている。 ｝

6 本文の内容を考えて〔 〕に▭から適当なものを選び、完成させなさい。同じものを二度使ってもよい。

　企業からの求人数が景気の回復とともに前年と比べて増加の傾向に〔 ① 〕。しかし、大学の新卒者の就職は必ずしもよくなっているとは言えない。なぜなら、企業側は「競争に生き残るため」という大義名分を〔 ② 〕、即戦力を求めているからである。未成熟の若者を採用した場合、彼らが利益を〔 ③ 〕までに時間がかかる。利益を〔 ④ 〕企業にとってはしばらくの間はマイナスの要因である。しかし、社会としては若者を育てる義務と責任があるのではないだろうか。企業も、目先の利益を追うのではなく、将来を〔 ⑤ 〕雇用計画を立てるべきである。

| a 見通す　b 追う　c 生む　d 掲げる　e ある |

ちょっとひといき 四字熟語(よじじゅくご) いくつわかりますか？

　4つの漢字(かんじ)からできている言葉(ことば)を「四字熟語(よじじゅくご)」と言います。次(つぎ)の文章(ぶんしょう)にはこの「四字熟語」がたくさん使われていますが、さてみなさんはいくつわかりますか。

　「私は8年前から新宿(しんじゅく)でレストランを営(いとな)んでいる。開店したばかりのころは無我夢中(むがむちゅう)で働き、その甲斐(かい)あって店は千客万来(せんきゃくばんらい)、商売繁盛(しょうばいはんじょう)。30歳(さい)の時、明朗快活(めいろうかいかつ)、才色兼備(さいしょくけんび)の妻(つま)と結婚(けっこん)し、しばらくは順風満帆(じゅんぷうまんぱん)だった。ところが今から2年前、前代未聞(ぜんだいみもん)の大不況(だいふきょう)の影響(えいきょう)で、店はつぶれてしまった。意気消沈(いきしょうちん)する私に代(か)わって、妻は粉骨砕身(ふんこつさいしん)、資金(しきん)集めに東奔西走(とうほんせいそう)してくれた。その姿(すがた)を見て私も勇気(ゆうき)を取(と)り戻(もど)し、七転八起(ななころびやおき)の精神(せいしん)で心機一転(しんきいってん)頑張(がんば)ることができ、無事に店を再建(さいけん)することができたのだ。夫婦(ふうふ)は一心同体(いっしんどうたい)というが、これからも二人で店を守(まも)り続(つづ)けていくつもりだ。」

(答は　p.119にあります)

ユニット3　第3課

税制白書
——ぜいせいはくしょ——

下の文章は次のページの記事を簡単に書き換えたものです。

> 税制白書が出た。その中に将来の見通しのないその場限りの政策をとるべきではないと書いてある。景気回復のために(1)今だけよければいいということだけを考え、減税が行われてきた。その結果財政の赤字は(2)どんどん大きくなってきた。しかし所得税、法人税の減税には限界がある。これ以上減税という手段を使うと、税金による収入が少なくなり財政に問題が生じる。このことから、もうこれ以上安易に減税を行わないようにと白書では(3)注意している。むしろ、増税の必要性が述べてある。しかし、どのようにしたらよいかという(4)肝心なことははっきり言っていない。

この文章の下線部の意味に近い表現になるように、□の中の言葉を使って言い換えてみましょう。

(1) 今だけよければいい　　　　→　　その場を〔　　〕
(2) どんどん大きくなる　　　　→　　雪だるま式に〔　　〕
(3) (将来何かをしないように相手に)注意する
　　　　　　　　　　　　　　　→　　くぎを〔　　〕
(4) 肝心なことをはっきり言わない　→　歯切れが〔　　〕

　a 悪い　　　b しのぐ　　　c 刺す　　　d 膨らむ

解答　(1) b　(2) d　(3) c　(4) a

税制白書

　政府税制調査会の中間答申は、400ページに迫る、まさにうんちくを傾けた「税制白書」といえよう。
　集めた税金が納得のいく形で使われる。無駄遣いをやめる。既得権に果敢に挑戦する。政府や政治にそんな**姿勢を貫いて**もらわなければ、納税で「参加」する**意欲もそがれる**というものだ。バブル崩壊後、やれ景気対策だ、やれ国際的な水準に合わせる、などと各種の減税が繰り返されてきた。公共事業の散布と併せて、財政の赤字を**雪だるま式に**膨らませた。もう、**その場しのぎ**の人気取りはすべきではないし、できもしない。この答申でも、所得税について「すでに限界で、これ以上行なうべきではない」、法人税率についても「引き下げの余地はない」と、政府や政治に**くぎを刺している**。
　しかし、増税の必要性を強く示唆しながらも、負担を「広く公平に分かち合う」具体的な方法となると、**歯切れが悪く**なる。消費税に関しては、「5％という税率は、先進国の中でも最も低い水準」という。だがその引き上げは「国民的な議論によって検討されるべき課題」とだけ述べる。
　受益に見合う負担を、いつ、どんな形で、どれくらい国民に求めるか、を決めるのはまさに政治の仕事である。

（朝日新聞　2000.7.15.）

●●●ことばの意味●●●

税制調査会 the Select Committee on the Taxation System　中間 mid-term　答申 report (to the government)　うんちくを傾ける to draw upon one's knowledge　白書 white paper (report)　納得のいく satisfying　無駄遣い a waste (of money)　既得権 vested interests　果敢に姿勢を貫く to be determined to accomplish (something)　納税 paying taxes　意欲 willingness　意欲がそがれる to be discouraged　バブル崩壊 bursting of the bubble economy　景気対策 economic stimulus　水準 level　減税 tax reduction　繰り返す to recur frequently　公共事業 public works　散布 spread　財政 finances　雪だるま式 snowballing　その場しのぎ stopgap (solution)　人気取り effort to gain public favor　所得税 income tax　限界 the limit　法人税率 corporation tax rate　引き下げる to put through (tax) reduction　余地 room, space　くぎを刺す to tell in no uncertain terms　増税 tax increase　示唆する to suggest

負担 burden　分かち合う to share　具体的 concretely　歯切れが悪い blurred, ambiguous　消費税 consumption tax　税率 tax rate　先進国 developed country　検討する to consider　課題 problem (to be solved)　述べる to tell　受益 benefit　見合う to counterbalance

●●●ことば●●●

1 **姿勢を貫く**：考え方を変えないでずっと一定した考えを持ち続ける
  - 伝統工芸家の多くは、伝統的な技法で作品を作るという姿勢を貫いている。
  - インドのマハトマ・ガンジーは非暴力の姿勢を貫いた。

|姿勢|

§ 何かに対する考え方や意見

  ⇒ **姿勢を見せる／〜を明らかにする／〜を正す**（間違った考えや態度を直す）
  - 社長は男性と女性を対等に雇用しようとする姿勢を見せている。
  - 新しい内閣は対アジア政策の姿勢を明らかにする必要がある。
  - 公共事業の受注で増収賄があるという。公務員は姿勢を正すべきだ。

§ 何かに対する接し方や態度

  ⇒ **姿勢をとる*／〜がよい**
  - 道理にかなわない要求にははっきりと反対する姿勢をとったほうがよい。
  - あの店の店員は客のどんな質問にもいやな顔ひとつしない。接客の姿勢が良い。
  　*この用法では「姿勢」の内容を説明する言葉が必要である。

§ 人の体の様子

  ⇒ **姿勢がよい／〜が悪い／〜が崩れる**
  - ファッションモデルは背筋を伸ばして歩き、姿勢がよい。
  - 寒い時は体を縮めがちだから、どうしても姿勢が悪くなる。
  - お祝いのスピーチでも、だらだらと長いと聞いている人の姿勢は徐々に崩れてくる。

|貫く|

§ 考え方や意見が一定していて、変えようとしない

⇒方針を貫く／中立を〜／正義を〜／初志を〜／主張を〜／独身を〜

- 「どんなことがあっても、顧客第一の経営方針を貫くつもりだ」と社長は年頭のあいさつで言った。
- 隣国が対立関係にある。双方から同盟の締結を求められているが我が国は中立を貫く決意である。
- 人の意見に簡単に左右されないで初志を貫こうと思っている。

§ 感覚や感情を全身で感じる

⇒痛みが貫く*／悲しみが〜*

- 背中を貫くような痛みがある。
- 親友の死は、魂を貫くような悲しみだった。

　＊「貫くような痛み」「貫くような悲しみ」のように使うことが多い。

2　意欲がそがれる：意欲が小さくなる⇔意欲をそぐ

- やろうと思っていることに、横からいろいろ言われると意欲がそがれる。
- 子供がやる気になっている時に、意欲をそがないように指導するには細心の注意が求められる。

|意欲|*

❖意欲がある表現

⇒意欲がある／〜を見せる／〜に燃える／〜を燃やす／〜を持つ／〜が涌く／〜を出す／〜が出る

- 党首の選挙があるが、複数の党員が立候補に意欲を見せている。
- 若い社員は新しい企画を社長に認めてもらいたいという意欲に燃えている。
- 優勝するのだという意欲を持って競技に参加してほしい。

❖意欲がない表現

⇒意欲がない／〜を失う／〜に欠ける／〜を欠く

- いくら頑張っても司法試験に受からない。弁護士になるという意欲を失いそうだ。
- このごろの若い人は壁にぶつかるとすぐ諦めてしまう。問題解決の意欲

に欠けると言われる。
＊意欲の内容を示す言葉が必要であり、内容が文で示される場合は「という」で接続することが多い。

そぐ
⇒やる気をそぐ／気勢を〜／勢いを〜
・「頑張って」というつもりで「もう一度」などと言うと子供たちの勉強のやる気をそぐことになってしまう場合がある。
・お笑いタレントが来ると言うので盛り上がっていたのに、事故で来られなくなったと聞いたとたん気勢がそがれてしまった。

3 雪だるま式に膨らむ 〈比喩〉：どんどん大きくなる
・資金繰りに困り借金を重ねた結果、毎月の返済額が売り上げ額を上回り赤字は雪だるま式に膨らんだ。
・賞味期限の改ざんが明るみに出て以来、返品の量が雪だるま式に膨らんでいる。

膨らむ
❖ 心理的な面のことが大きくなる表現
⇒夢が膨らむ／希望が〜／期待が〜／胸が〜／不安が〜

膨らませる ⇒夢を膨らませる／希望を〜／期待を〜／胸を〜

・母校のサッカーチームが予選リーグを通過し、決勝リーグに出ることになった。優勝の夢が膨らんでいる。
・子供のころからの夢だった留学が実現することになって、私は期待に胸を膨らませている。
＊「膨らませる」には他動性がなく、「膨らむ」とほとんど同じ意味で使う。

❖ 経理的なマイナス面のことが大きくなる表現
⇒赤字が膨らむ（p.58参照）／損失が〜／借金が〜
・売り上げが落ち込み、赤字が膨らんでいる。
・債券の回収が滞り、銀行の損失は膨らむ一方だ。
・お金がないのに、次々に欲しいものをローンで買っていたらいつの間にか借金が膨らんでしまった。

4 その場しのぎ：困っている今のことだけを考えて問題を解決すること⇔その場をしのぐ
- 収賄の疑惑を追求された議員は、秘書のしたことだとその場しのぎの説明をした。
- 公共事業で雇用を創成するというその場しのぎの政策ではなく、民間企業の雇用計画も含め抜本的な政策を立てなければならない。

[しのぐ]
⇒ 急場をしのぐ（急な出来事などになんとか対処する）／危機を〜／暑さを〜／飢えを〜／雨露を〜（貧しいが、なんとか暮らせる程度の暮らしをする）
- 台風で屋根が飛ばされた。ビニールシートを屋根にかけて急場をしのいでいる。
- 停電で冷房が止まってしまったデパートでは、氷柱を立てて暑さをしのいでいる。
- 地震で住宅を失った人々は、とにかく雨露がしのげるようにしてほしいと訴えている。

5 くぎを刺す〈慣用〉：相手がしそうなことを予測し、そのようなことをしないように注意を喚起する
- バーゲンセールに行くと、あれもこれもと買い過ぎる妻に必要な物だけを買うようにとくぎを刺した。
- 友人と旅行に出かけるという子供にはしゃぎ過ぎないようにとくぎを刺した。

6 歯切れが悪い：はっきり意見や考えを言わない
- 政治家は問題の核心をつくと、すぐ答弁の歯切れが悪くなる。
- 事故原因を尋ねても、当事者の答えは歯切れが悪い。

[歯切れ]
⇒ 歯切れがよい*（話し方がはっきりしている）
- 威勢のよい物売りの呼び込みは、歯切れが良い。
- あの評論家は歯に衣着せぬ物言いで、とても歯切れが良い。

＊「歯切れ良い」という言い方がある。
・ぼそぼそ話さないで、もっと歯切れよく話しなさい。

ちょっとひといき　四字熟語(よじじゅくご)の答え

　さて P.112 の文章(ぶんしょう)に含(ふく)まれている四字熟語(よじじゅくご)の意味(いみ)は次(つぎ)のとおりです。
無我夢中(むがむちゅう)：物事(ものごと)に熱中(ねっちゅう)して、自分(じぶん)を忘(わす)れる
千客万来(せんきゃくばんらい)：たくさんの客(きゃく)が絶(た)え間(ま)なく来る
商売繁盛(しょうばいはんじょう)：仕事(しごと)が成功(せいこう)し、店(みせ)や会社(かいしゃ)が栄(さか)える
才色兼備(さいしょくけんび)：女性(じょせい)がすぐれた才能(さいのう)と美しい顔(うつく)かたちとを持っている
明朗快活(めいろうかいかつ)：明るくほがらかで態度(たいど)や物(もの)の言(い)い方(かた)がはっきりしている
順風満帆(じゅんぷうまんぱん)：ものごとが非常(ひじょう)に順調(じゅんちょう)である
前代未聞(ぜんだいみもん)：その時までに一度も聞いたことがないほど珍(めずら)しい
意気消沈(いきしょうちん)：元気(げんき)をなくして、しょげる
粉骨砕身(ふんこつさいしん)：力(ちから)の限(かぎ)りを尽くす
東奔西走(とうほんせいそう)：あちこち忙(いそが)しく動きまわる
七転八起(ななころびやおき)：何度失敗(なんどしっぱい)しても、くじけずに立(た)ち上(あ)がる
心機一転(しんきいってん)：気持(きも)をすっかり入れ替える
一心同体(いっしんどうたい)：二人以上(いじょう)が一人の人間(にんげん)のように力を合わせる

　112ページの文章をやさしく書(か)き換(か)えてみませんか。

●●● 練習問題 ●●●

1 左と右を結びなさい。
1 姿勢を　　　　　　a 刺す
2 やる気を　　　　　b 膨らむ
3 雪だるま式に　　　c そぐ
4 その場を　　　　　d 貫く
5 歯切れが　　　　　e 悪い
6 くぎを　　　　　　f しのぐ

2 次の各文の（　）には適当な助詞を入れ、〔　〕には□から適当なものを選び、必要なら形を変えて入れなさい。それぞれの語は一度しか使えない。
1 働く意欲（①）〔②〕ながら仕事がない人を、失業者と言う。
2 仕事を探しにでかけても、適当な仕事が見つからない。仕事の意欲（①）〔②〕しまいそうだ。
3 勝とうという意欲（①）〔②〕試合に臨んだが、開始早々点を入れられて気勢（③）〔④〕しまった。

　　　a そぐ　　b 失う　　c 燃える　　d ある

3 次の文章の（　）には適当な助詞を入れ、〔　〕には□から適当なものを選び、必要なら形を変えて入れなさい。
1 友人が、市議会議員選挙の立候補（①）意欲（②）〔③〕いる。推薦を求めているので、教育に対する姿勢（④）〔⑤〕ほしいと思い、その点を質問した。だが、彼女の回答は歯切れ（⑥）〔⑦〕。推薦しようと意気込んでいたが勢い（⑧）〔⑨〕しまった。

　　　a そぐ　　b 見せる　　c 悪い　　d 明らかにする

2 今は、雨露（①）〔②〕程度の家に住んでいるが、将来はリゾート地でペンションを経営しようと思っている。ガイドブックを見るたびにその夢（③）どんどん〔④〕いく。どんなに時間がかかろうとも初志（⑤）〔⑥〕と思っている。

> a 貫く　　　　b 膨らむ　　　　c しのぐ

4 （　）に適当な助詞を入れなさい。
1 意欲（　）燃える
2 意欲（　）欠く
3 意欲（　）湧く
4 意欲（　）欠ける
5 宇宙ステーションの建設（　）期待（　）膨らむ
6 その場しのぎ（　）対策では、間に合わない

5 次の各文の｛　｝から適当なものを選びなさい。
1 どんなに練習をしても上手にならないとコンクールに出場する
　｛a 意欲を失いそうだ。
　　b 意欲に欠けそうだ。｝
2 企業は｛a 意欲がある
　　　　　b 意欲を欠く｝人を求める。
3 企画案作成にチーム全員で頑張っていたのだが、途中で反対する人がいて｛a 勢いをそいでしまった。
　　b 勢いがそがれてしまった。｝
4 設備を拡充した際に、銀行から融資を受けた。しかし、返済が滞り他の金融機関から借りて返済をしている。｛a 赤字が膨らむ
　　b 借金が膨らむ｝一方だ。

6 次の各表現の〔　〕にはA群の□から適当なものを選んで入れなさい。さらにその意味として適当なものをB群の□から選びなさい。それぞれ一度しか使えない。

　　　　　　　A群　　　　B群
1　歯切れが〔　　〕　〔　　〕
2　意欲が　〔　　〕　〔　　〕
3　姿勢を　〔　　〕　〔　　〕
4　主張を　〔　　〕　〔　　〕
5　やる気を〔　　〕　〔　　〕
6　胸が　　〔　　〕　〔　　〕

A群
a　ある　　b　正す　　c　良い　　d　そぐ
e　膨らむ　f　貫く

B群
a　積極的である
b　物事をはっきり言う
c　間違った考えや態度を直す
d　将来起こるであろう楽しいことを期待している
e　気持をなくさせる
f　考え方を変えない

ユニット3　第4課
ロンドンはローカロリー

下の文章は次のページの記事を簡単に書き換えたものです。

> J2001という日本文化紹介のイベントのためにロンドンへ行った。10年前にJ1991が開かれた時は日本も日本企業もお金を持っていたので、予算は十分にあった。しかし、今回は21世紀の(1)初めの華やかなイベントなのに、予算は10年前の四分の一もない。ところが、イベント全体の規模、参加人数は1991年を上まわる予定だ。その理由の一つはイギリス側のボランティアが大変協力的だからだ。10年ぐらい前から文化やスポーツのイベントをボランティアが支えるようになり、その傾向が(2)勢いを増している。また、すしや日本料理店に人気があるように、イギリス人が日本に関心を持っていることもある。日本は(3)もうダメだと考えて、イギリスに留学する日本人が増えていることもロンドンの日本化を進めている。ボランティアの活用とともに、技術の進歩によって情報を安く輸送できるようになったこともイベント開催の費用をおさえることに役立っている。ロンドンではイベントの省コスト化やすしの人気のように食べ物のローカロリー化が進んでいるのだ。イギリス経済は順調だが、これはイギリスが、以前は日本の(4)得意だったことをしているからかもしれない。

この文章の下線部の意味に近い表現になるように、□の中の言葉を使って言い換えてみましょう。

(1) 初めを華やかにする　　　→　　冒頭を〔　　〕
(2) 勢いを増す　　　　　　　→　　拍車が〔　　〕
(3) もうダメだと考える　　　→　　見切りを〔　　〕
(4) (相手の)得意なことをする　→　お株を〔　　〕

　　a　かかる　　b　うばう　　c　かざる　　d　つける

解答　　(1) c　　(2) a　　(3) d　　(4) b

ロンドンはローカロリー

　半年ぶりにロンドンを訪れた。この5月からロンドンでJ2001という日本文化を紹介するイベントが開催され、その建築部門のプロデュースを頼まれたからである。

　実際にかかわってみて驚いた。10年前の1991年、同じくロンドンで開かれたJ1991はバブルの余韻の中で開催され、予算も潤沢だった。ところが、21世紀の**冒頭を飾る**べきイベントなのに、予算は4分の1もないのである。しかし、驚いたのは、にもかかわらずイベント全体の規模。参加人数は1991を上まわる予定なのである。

　なぜそんな事が可能なのか。ひとつにはイギリス側のボランティアが熱心で協力的だからである。この10年で、文化イベントをボランティアがサポートするシステムは飛躍的に整備された。シドニーオリンピックでも、ボランティアの参加による運営費の削減が注目されたが、この方向性には**拍車がかかっている**。さらにイギリス人の、日本への関心の盛りあがりもある。どんなスーパーにもスシコーナーがあるし、日本料理店も急増した。日本に**見切りをつけて**イギリスに勉強しにくる若者の数も増加の一途で、ロンドンの「日本化」を後押ししている。

　さらにわすれてならないのは、情報技術（IT）によってイベントの省コスト化が可能になった事である。われわれの建築展でも、模型のような「物資」を日本から輸送するのはやめて、質量のない電子情報の輸送を中心とする身軽でローカロリーのイベントの実験を行おうとしている。贅肉を削ぎ落として電子情報とボランティアが主役となる21世紀型のイベントが実現しつつある。ロンドンではイベントも食べ物もスシのようにローカロリー化が進んでいるのである。EUの中でも断然元気なイギリス経済の秘密は、日本の**お株を奪う**ローカロリー化にあるのかもしれない。

（隈　研吾）

（日本経済新聞　2001.2.9.）

●●●ことばの意味●●●

プロデュース production　　バブル the bubble economy　　余韻 lingering effect
潤沢 ample, abundant　　飛躍的 amazingly　　削減 reduction　　拍車 spur

盛りあがり rise　見切り abandonment　スシコーナー sushi corner (in a supermaket)　増加の一途 to increase rapidly　後押し support, leading to　省コスト化 a cut in expenses　身軽 slim　贅肉 fat (excesses)　削ぎ落とす to cut down　ローカロリー low calorie　EU European Union　断然 decisively

●●●ことば●●●

1 **冒頭を飾る**：(行事などの)初めの部分を華やかにする
・ノーベル賞作家の祝辞が母校の今年の同窓会総会の冒頭を飾った。
・華やかな開会式は毎回のオリンピックの冒頭を飾る一大イベントだ。

[飾る]
§新聞、雑誌、書物などの記事、文章になる
　⇒紙面を飾る／巻頭を〜
・オリンピックでの日本選手の活躍ぶりが翌日の紙面をいっせいに飾った。
・恩師に学会誌の巻頭を飾る文章を書いていただいた。
§外から見える部分だけをきれいに見せる
　⇒表面を飾る／うわべを〜／言葉を〜
・あの人は表面を飾っているが、本当は邪悪な野心に燃えているのだ。
・うわべを飾るだけで真心のない言動は人々を感動させない。
・いたずらに言葉を飾るよりも心のこもった言葉で話す方が好感が持てる。
§りっぱにやりとげる
　⇒最後を飾る
・その野外コンサートは、花火を打ち上げて最後を飾ることで有名だ。
　有終の美を飾る〈慣用〉：物事の仕上げをりっぱな成果をあげること
・A氏は最後の大きな仕事を成し遂げ、その人生に有終の美を飾った。
　故郷に錦を飾る〈慣用〉：出世した姿を故郷の人々に見せること
・貧しい村の出身のA子は、都会で金持ちになって帰り、故郷に錦を飾った。

2 **拍車がかかる***〈慣用〉：仕事などの進む勢いが強まる
　　＊対応する他動詞形は「拍車をかける」　p.65参照

3 **見切り*をつける**〈慣用〉：もうこれ以上はダメだと考えて、やめる
- A夫には何度も忠告をしたが、あいかわらず借金を繰り返しているので、ついに見切りをつけて、もうつきあわないことにした。
- いつまでも「仕事のやり方が分からない」などと言っていると、そのうち上司に見切りをつけられてしまうぞ。

＊「見切り」には「見切り発車（電車、バスなどが必要な安全確認などをしないで発車すること、比喩的に国会などで十分な審議をせずに裁決すること）」や「見切り品（もうけを考えずに安く売る商品）」という使い方がある。
- どんなに発車の時刻を過ぎていようと、安全の確保のためには、見切り発車は絶対に避けなければならない。
- 国会は十分な審議をせずに見切り発車で法案を可決しようとしている。
- このセーターは百貨店の見切り品だったから、半額で買えた。

4 **お株を奪う***〈慣用〉：他の人が得意とすることを別の人がやる
- 以前は日本が誇った半導体技術などもいつのまにか海外の企業が日本のお株を奪っている。
- シュートではこのチームで一番うまいと言われていた選手のお株を新人選手があっさりと奪ってしまった。

＊「お株を奪われる」の形で使うことが多い。
- これまでは私がこの課で一番コンピュータに詳しかったが、理科系出身のAさんが入ってきて以来、すっかりお株を奪われてしまった。

|奪う|
§無理に取る
⇒**生命を奪う***／**自由を**〜*／**地位を**〜*
- 21世紀の現在も、災害や戦争は多くの人々の生命を奪っている。
- 世界には独裁政権の弾圧によって言論の自由を奪われている人々がいる。
- 前社長は社内の権力争いによって社長の地位を奪われた。

＊「奪われる」の形で使うことが多い。

足を奪う〈慣用〉：普段使用している交通機関が使用できなくなる
- 台風による土砂崩れがその地域の住民の足を奪った。

§取り去る

⇒**熱を奪う**
- 雨が蒸発するとき地表の熱を奪うため、夕立が降ると涼しくなるのだ。

§強く引きつける

⇒**目を奪う*／心を〜***
- その新進のデザイナーが発表した服は、奇抜なデザインが人々の目を奪った。
- ダイアモンドの輝きは多くの女性の心を奪うものだ。

＊「目を〜」「心を〜」は「奪われる」の形で使われることが多い。
  - 海に沈む太陽の美しさに思わず目を奪われた。
  - 金に心を奪われた男は、儲けることしか考えなくなってしまった。

●●●練習問題●●●

1 左と右を結びなさい。同じものを二度使ってもよい。

1　お株を　　　　　　　　a　つける
2　見切りを　　　　　　　b　奪う
3　冒頭を　　　　　　　　c　飾る
4　熱を
5　うわべを

2 次の各文の意味に近いものを□□□から選びなさい。

1　出世した姿を出身地の人々に見せる　→〔　　〕
2　物事の外側だけをきれいに見せる　　→〔　　〕
3　内容を伴わないきれいな言葉を使う　→〔　　〕
4　すばらしい文章が本の初めの部分にある　→〔　　〕
5　物事の仕上げをし立派な成果をあげる　→〔　　〕
6　新聞、雑誌などの目立つ記事になる　→〔　　〕

```
a  巻頭を飾る      b  有終の美を飾る    c  紙面を飾る
d  言葉を飾る      e  表面を飾る        f  故郷に錦を飾る
```

3 次の各文の（　）には適当な助詞を入れ、〔　〕には□□□から適当なものを選び、必要なら形を変えて入れなさい。同じものを二度使ってもよい。

1　聴衆はそのテノール歌手のすばらしい歌声に心（　　）〔　　〕。
2　大会の最後（　　）〔　　〕参加者全員が「再会の歌」を合唱した。
3　全然勉強しようとしない学生についに教授は見切り（　　）〔　　〕。
4　大雨に足（　　）〔　　〕ため、今日は出かけることができない。
5　土地の人々による民族舞踊がスポーツ大会の冒頭（　　）〔　　〕。

```
a  つける    b  かかる    c  奪う    d  飾る
```

4 次の各文の（　）には適当な助詞を入れ、〔　〕には □ から適当なものを選んで入れなさい。
1 強盗に手足を縛られ、〔　〕（　）奪われて、逃げられなかった。
2 A夫は〔　〕（　）飾ることは上手だが、内容のない人だ。
3 歴史を振り返ると、自分の〔　〕（　）息子に奪われたケースは多々ある。
4 日本の歴史に詳しい留学生がいて、日本人の私にいろいろ教えてくれた。〔　〕（　）奪われてしまったというわけだ。

| a 地位 | b お株 | c 表面 | d 自由 |

5 次の各文の｛　｝から適当なものを選びなさい。
1 A：高校を卒業してすぐにアメリカへ渡った同級生が20年ぶりに戻ってきてね。あっちで始めた日本料理店が大成功したんだそうだ。
　B：｛a 有終の美を飾った / b 故郷に錦を飾った｝というわけだね。
2 A：今朝も踏み切り事故で電車が1時間も遅れたんだ。
　B：通勤の｛a 足を奪われた人たちは大変でしたね。/ b 見切りをつけたほうがいいですね。｝
3 A：この雑誌の先月号に、私たちが大学でお世話になった先輩の文章が載っていましたね。
　B：読みましたよ。こんな有名な雑誌の｛a 巻頭を飾る / b 表面を飾る｝文を書かれたとはすごいですよね。

6 次の文章の（　）に □ から適当なものを選び、必要なら形を変えて入れなさい。
　このほど海外で開かれた日本語研究会の〔①〕、外国人若手研究者によるシンポジウムが行われた。司会者も5人のパネリストも達者な日本語を

使い、それぞれの日本語研究のレベルの高さを思わせるすばらしい発言をした。質問に立った日本の大学の研究者が気がつかなかったような問題を指摘するなど日本人研究者の〔 ② 〕ような場面も見られた。日本の大学の研究者たちもより優れた研究を心がけないと、いずれ日本の大学には〔 ③ 〕日本語研究者が増えるのではないだろうか。

a 見切りをつける　　b 冒頭を飾る　　c お株を奪う

●●●ユニット3　まとめの問題●●●

1　次の各語のグループに共通に使われるものを □ から選び（　）に入れなさい。
1　罵声を～　非難を～　砲火を～　冷水を～　　　〔　〕
2　足を～　お株を～　心を～　　　　　　　　　　〔　〕
3　うわべを～　巻頭を～　言葉を～　有終の美を～　冒頭を～　〔　〕
4　暑さを～　雨露を～　急場を～　その場を～　飢えを～　〔　〕
5　初志を～　正義を～　中立を～　痛みが～　　　〔　〕
6　一石を～　私財を～　資金を～　　　　　　　　〔　〕
7　思いを～　大志を～　理想像を～　反感を～　　〔　〕
8　順を～　日を～　後を～　影を～　夢を～　理想を～　〔　〕

　a　貫く　　b　奪う　　c　抱く　　d　浴びる　　e　しのぐ
　f　追う　　g　飾る　　h　投じる

2　（　）に適当な助詞を入れなさい。
1　信用（　）かかわる
2　月明かり（　）部屋（　）差し込む
3　資金（　）研究開発（　）投じる
4　意欲（　）欠ける
5　意欲（　）燃える
6　意欲（　）燃やす
7　罵声（　）浴びせる
8　故郷（　）錦（　）飾る
9　ピーク（　）越す
10　子供たちは有名なスポーツ選手（　）憧れ（　）抱く

3　左と右を結びなさい。
1　足取りを　　　　　a　かかる

2 危機感を　　　　　b 差し込む
3 気勢を　　　　　　c 抱く
4 くぎを　　　　　　d 膨らむ
5 拍車が　　　　　　e 追う
6 日が　　　　　　　f そぐ
7 見切りを　　　　　g 刺す
8 夢が　　　　　　　h つける

4 次のそれぞれの〔　〕に右の意味に近くなるように□□□から適当なものを選んで入れなさい。

A
1 息を〔　〕　　（とても驚く）
2 息を〔　〕　　（死ぬ）
3 息が〔　〕　　（死んでいる状態）
4 足を〔　〕　　（交通手段がなくなる）
5 値が〔　〕　　（値段が高い）
6 日が〔　〕　　（日中）
7 見切りを〔　〕　（見通しが立たないので終わらせる）
8 意欲が〔　〕　　（せっかくあった意欲が小さくなる）
9 胸が〔　〕　　（期待する気持が大きい）
10 歯切れが〔　〕　（はっきり物を言わない）

```
a そがれる  b 膨らむ  c 奪われる  d ない   e つける
f 高い     g のむ    h 引き取る  i 張る   j 悪い
```

B
1 人材を〔　〕　　（能力のある人を見つける）
2 紙面を〔　〕　　（紙面に大きく取り上げられる）
3 外出を〔　〕　　（外出しない）
4 方針を〔　〕　　（方針を変えない）
5 息を〔　〕　　（興奮して呼吸が正常ではない状態）

6 手元が〔　〕　　（手元があぶなく、包丁等で手を切りそうだ）
7 レジを〔　〕　　（売り上げを計算する）
8 質問を〔　〕　　（たくさん質問をする）
9 息が〔　〕　　　（緊張している様子）
10 信用を〔　〕　　（信用がなくなる）

```
a 飾る          b 浴びせる      c 締める       d 見い出す
e おぼつかない  f 落とす        g 控える       h 詰まる
i 貫く          j 弾ませる
```

5 次の各文の〔　〕に入るものを問4から選び、必要なら形を変えて完成させなさい。

1 オリンピックでよい成績をおさめた選手の顔が翌日の〔　〕。
2 プロジェクトを進めるうちに他の部署から異論が出てきたが、立案者の私たちとしては当初の〔　〕たい。
3 長く病床にあったAさんは家族に見守られながら〔　〕。
4 風邪ぎみだったので、風に当らないほうがいいと思い〔　〕。
5 展望台から見る夜景の美しさに〔　〕。
6 雪のために鉄道も道路も不通になり、帰宅の〔　〕多くの人が駅構内で開通を待った。
7 生鮮食料品は出始めは〔　〕が、旬になると安くなる。
8 人は困った時や、分からないことを話す時などは〔　〕なりがちだ。

6 次の各文の〔　〕に □ から適当なものを選び、必要なら形を変えて入れなさい。

1 行きは足取りも〔　〕出かけたが、思ったような成果があがらず〔　〕足取りで帰ってきた。
2 歯切れが〔　〕には2つの意味がある。1つは、ぼそぼそ言うこと。もう1つははっきり見解を言わないこと。反対にはっきり、明瞭に言うことは歯切れが〔　〕と言う。

3 年をとると、瞬発力が衰える。反応が〔　　〕なるのだ。
4 山では日が落ちるのが早い。日が〔　　〕うちに、できるだけその日の目的地に着きたい。

---
a 悪い　　b 高い　　c 重い　　d 良い　　e 軽い　　f 鈍い
---

7 次の〔　　〕に▭から適当なものを選び、必要なら形を変えて入れなさい。

1 A：Cさんは中学を卒業後東京に出て苦労したらしいですが、すごい家を建てたものですね。
　B：本当に。〔　　〕とはまさにこういうことなんでしょうね。
2 A：仕事に集中していますね。
　B：締め切りが間近かになって、〔　　〕ないと間に合わないんです。
3 A：オリンピックも最後の競技になると、どこの国の選手でも〔　　〕気持ち良く閉会式を迎えたいと思っているんでしょうね。
　B：そうでしょうね。
4 A：すみません。Aホテルはどこでしょうか。〔　　〕おくのを忘れてしまったんです。
　B：あのビルの後ろです。
5 地道な捜査で放火事件の容疑者の〔　　〕という報告を受け、地元の警察官は逮捕に向かった。
6 まだ子供だと思っていた娘がお菓子を上手に作ったり、私の作ったものに意見を言ったりするようになり、料理自慢の私は〔　　〕ような感じがする。うれしいことはうれしいが複雑な気持だ。

---
a 有終の美を飾る　　　　b お株を奪われる　　　c 故郷に錦を飾る
d 電話番号も住所も控える　e 足取りをつかむ　　　f 拍車をかける

ユニット4　第1課

駅構内暴力
——えきこうないぼうりょく——

下の文章は次のページの記事を簡単に書き換えたものです。

> 　鉄道の駅で客が駅員や乗務員を(1)殴ったりけったりなど、乱暴なことをする事件が多発している。心の中にたまった日ごろの怒りや不満を、自分に反抗できない立場の者に爆発させるのだ。鉄道会社も相手を恐れて、そのままにしてしまうのではなく、取り押さえて警察に連絡するという態度に変わってきてはいる。記録されてはいないが、駅員に向かって(2)乱暴な言葉を言うとか、つばをかけるといった振る舞いが数え切れないほどあるそうだ。JR東日本では、1999年度の暴力行為のうち、(3)首都圏を管理下にもつ東京支社での件数が約半数を占め、98年度に比べて3割増えた。暴力行為が目立ってきたのはここ2、3年だ。(4)危機感をますます強くもったJR東日本は、客に対する言葉遣いなど対応のマニュアルをつくって社員教育を強化したそうだ。しかし、暴力事件の増加を(5)くい止めることができない。

この文章の下線部の意味に近い表現になるように、□の中の言葉を使って言い換えてみましょう。

(1) 殴ったりけったりなど、乱暴なことをする　→　暴力を〔　　〕
(2) 乱暴な言葉を言う　→　暴言を〔　　〕
(3) Aを管理下にもつ　→　Aを〔　　〕
(4) 危機感をますます強くもつ　→　危機感を〔　　〕
(5) くい止めることができる　→　歯止めが〔　　〕

　a　募らせる　　b　振るう　　c　吐く　　d　かかる　　e　抱える

解答　　(1) b　　(2) c　　(3) e　　(4) a　　(5) d

駅構内暴力

鉄道の駅構内で客が駅員や乗務員に**暴力を振るう**事件が多発している。

日ごろの**うっぷん**を、自分に手出しできない立場の者に**爆発させる**。人の心がすさんでいることに、やり切れない思いがする。

鉄道会社も泣き寝入りするのではなく、取り押さえて警察に連絡するなど、きぜんとした態度に変わってきてはいる。でも、増加傾向に**歯止め**がかからない。

ＪＲ東日本では、1999年度に330件の暴力行為があった。**首都圏を抱える**東京支社管内が162件を占め、98年度に比べて3割増えた。暴力行為が目立ってきたのはここ2、3年だ。**危機感を募らせた**ＪＲ東日本は、客に対する言葉遣いなど対応のマニュアルをつくって社員教育を強化したという。

不特定多数の人々が往来する公共の場で、客に対して弱い立場にある駅員に、客が公然と暴力を振るう。そんな行為を、夏の暑さなどのせいにはできまい。記録こそされていないものの、すそ野には、駅員に向かって**暴言を吐く**とか、つばをかけるといった振る舞いが数え切れないほどあるという。

(朝日新聞　2000.8.4.)

●●●ことばの意味●●●

駅構内 (the railroad) station　　暴力 violence　　振るう to use (violence toward)　　うっぷん resentment　　爆発する to explode　　すさむ to go wild　　やり切れない unbearable　　泣き寝入りする to give in (to another)　　きぜんとした resolute, firm　　歯止め brake　　首都圏 metropolitan area　　抱える to have　　管内 within the jurisdiction　　危機感 a sense of crisis　　募る to grow more intense　　マニュアル manual　　不特定多数 the general public　　往来する to come and go　　公然と openly　　すそ野 skirt of the mountain　　暴言 violent language　　振る舞い behavior

●●●ことば●●●

1　**暴力を振るう**：殴ったりけったりなど、乱暴なことをする
・子供に暴力を振るう親が増えていることが、最近問題になっている。

・友だちとけんかをして先生に叱られた。そのときに、もう友だちに暴力は振るわないと約束した。

[暴力]*
⇒**暴力に訴える**（乱暴な行為によって、不満や怒りなどの気持を表す）
・話し合いこそが大切で、いかなる場合にも暴力に訴えるというやり方は許されるものではない。
  ＊「暴力行為」という言い方がある
    ・二度と暴力に訴えるようなことはしないと言ったにもかかわらず、また暴力行為に及んだ。

[振るう]
⇒**猛威を振るう**（風邪や流行病などが激しい勢いで影響を及ぼす）／**権力を～**（地位の高い人が自分の思うままに力を行使し、人を支配し従わせる）／**腕を～**（持っている力を存分に発揮する）／**熱弁を～**（力のこもった情熱的な話し方をする）
・今年の冬もインフルエンザが猛威を振るっている。
・ヨーロッパではその時代に伝染病が猛威を振るい、多くの命が失われた。
・幼い王に代わって大臣が権力を振るい、国民を苦しめた。
・最近では、休日に料理の腕を振るう男性も珍しくない。
・講演会では大勢の聴衆を前に若手起業家が成功する方法について熱弁を振るった。

2　**鬱憤を爆発させる**＊：心の中にたまった怒り、恨み、不満などの感情を一度に外に出す
＊対応する自動詞形は「うっぷんが爆発する」
・日ごろのうっぷんを爆発させているのだろうか、若者たちがバイクで暴走している。
・自由に意見が言えないと、何かのきっかけでうっぷんが爆発することがある。

[うっぷん]（鬱憤）
⇒**うっぷんを晴らす**＊（心の中にたまった怒り、恨み、不満などの感情を何か

をすることによって消してすっきりさせる)／〜が晴れる／〜を募らせる

(心の中に怒り、恨み、不満などの感情がますますたまっていく)／〜が募る

- 金属バットで隣人を殴り、積年のうっぷんを晴らしたかったと犯人は供述した。
- 新入社員は会社で上司に注意されるたびにうっぷんを募らせていった。
  * 「うっぷん晴らし」という言い方がある
    - 日ごろのうっぷん晴らしに、酒でも飲もう。

3 **歯止めがかからない**：悪い傾向をくい止めることができない⇔歯止めがかかる*

　　*対応する他動詞形は「歯止めをかける」
- 交通事故の発生件数は今年に入ってますます増え、歯止めがかからない。
- 物価の上昇に歯止めをかける方法はないものだろうか。

|歯止め|

⇒ **歯止めが利く**（p.58参照）／〜を失う（悪い傾向をくい止めることができなくなり、ますます悪化していく）
- 「課外活動を奨励したら、校内暴力に歯止めが利いた」とある中学の校長先生が語った。
- 地元に就職するようにと勧めてきたが、若い人たちは次々と都会へ出て行き、農村の人口減少に歯止めが利かなくなった。
- 平均株価は下がり続け、ついに今週は1万円を割った。株価の下落は歯止めを失った感がある。

4 **首都圏*を抱える**：首都圏を管理下に持つ
- 大消費地の首都圏を抱えるこの地方の農業は野菜作りが中心だ。
- 下流に首都圏を抱えるこのダムでは、夏の水の確保が重要な課題だ。
  *影響が及ぶ地域の人などを表わす言葉がくる。

|抱える|

§自分の管理下に、責任をもたなければならないものを持っている

⇒ 人口を抱える／社員を〜／学部を〜／病人*を〜

- 私のふるさとは、今では人口10万を抱えるにぎやかな町になった。
- 大学時代の友人に1000人の社員を抱える大会社の社長がいる。
- A大学は経済学部をはじめ、15の学部を抱える総合大学だ。
  *「病人を抱える」「妻子を抱える」など世話をしなければならない人を表す言葉がくる。

§ 解決の難しい問題や悩みをもつ
⇒ 借金を抱える／問題を〜／悩みを〜／矛盾を〜
- 店の経営がうまくいかなくなり、多額の借金を抱えてしまった。
- 留学生の抱えている問題は、単に経済面での問題だけではない。
- あの人の自殺の原因はまだ明らかになってはいないが、営業成績の不振や友人関係など、悩みを抱えていたようだ。
- 原子力発電はクリーンなエネルギーではあるが、一度事故が起これば大惨事を引き起こしかねないという矛盾を抱えている。

5　危機感を募らせる*：危機感をますます強くもつ
　　*対応する自動詞形は「危機感が募る」
- 大学生の学力低下に教育関係者は危機感を募らせている。
- 相次ぐ銀行の倒産に国民の危機感は募るばかりだ。

|募らせる|*
⇒ 不安を募らせる／不信感を〜／不満を〜／思いを〜／うっぷんを〜
　|募る|⇒ 不安が募る／不信感が〜／不満が〜／思いが〜／うっぷんが〜
- 汚職事件を起こした政治家に対して国民は不信感を募らせた。
- 遭難事件の発生から3日が過ぎ、家族の不安は募るばかりだ。
- A夫は遠くへ引っ越してしまったが、彼に対する思いは募る一方だ。
　　*「募らせる」には他動性がなく、「募る」とほとんど同じ意味で使う。

6　暴言を吐く：乱暴な言葉を言う
- A夫はふだんはおとなしいが、酒を飲むと暴れたり暴言を吐いたりする。
- 気の短いB夫は上司に暴言を吐いて、会社を首になってしまった。

吐く

⇒ **弱音を吐く**（苦しさやつらさにがまんできなくなり、自信のないようなことを言う）／**本音を〜**（本当の気持を言う）。

・いつも自信を持って行動している人が弱音を吐くなんて、いったいどうしたんだろう。
・質問攻めにあっても、閣僚の多くはなかなか本音を吐かない。

ちょっとひといき　人を表す言葉(1)

「人」「者」は文字通り人を表す言葉ですが、他にどんな言葉を知っていますか。「人」を「じん」と読む言葉に「芸能人」「有名人」などがあり、よく耳にすることと思います。「社会人」というと、学校を卒業して働いている人を指し、「文化人」というと、学術的な仕事をしている知識の豊富な人のことを言います。

「〜人」の「〜」が役割を表すものに、「保証人」「付添い人」などがありますが、これらの場合は「にん」と読みます。「人」の代わりに「者」を使った「保護者」「指導者」なども、その人の役割を表す言葉です。「医者」もこの仲間に入れていいでしょう。

「人」「者」以外にも、「手」を使って人を表すこともできます。

・兄はオリンピックで旗手をつとめた。（入場行進のとき旗を持つ役割）

ほかにも「運転手」「助手」「選手」などがあり「しゅ」と読みますが、「て」と読んで「聞き手」「話し手」といった使い方もできます。

ところで、「医者」には「医師」、「運転手」には「運転士」という言葉もありますね。「師」「士」については次に述べることにします。

●●●練習問題●●●

1 左と右を結びなさい。
1 歯止めが　　　　　　a 振るう
2 病人を　　　　　　　b 晴らす
3 不満を　　　　　　　c 吐く
4 暴力を　　　　　　　d 抱える
5 弱音を　　　　　　　e かかる
6 うっぷんを　　　　　f 募らせる

2 次の各文の（　）には適当な助詞を入れ、〔　〕には□から適当なものを選び、必要なら形を変えて入れなさい。
1 子供のころ、弟は口げんかで負けるとすぐ暴力（　）〔　　〕ものだ。
2 専門家によってさまざまな対策が考えられてはいるが、学級崩壊の増加（　）歯止め（　）〔　　〕ないようだ。
3 二人の幼い子供と年老いた両親（　）〔　　〕ので、毎日忙しく暮らしている。
4 会社の強引なリストラのやり方に不満（　）〔　　〕労働者たちは、遂にストに入った。
5 問い詰められて、とうとう本音（　）〔　　〕。
6 昨日はバーゲンに行って心ゆくまで買物をし、日ごろのうっぷん（　）〔　　〕。

　a 振るう　b 募る　c 吐く　d かかる　e 抱える　f 晴らす

3 次の各文の〔　〕に□から適当なものを選んで入れなさい。
1 昨夜から数回にわたって地震が起こり、住民たちは〔　　〕を募らせている。
2 個人消費が大幅に減少し、もはや景気の後退には〔　　〕が利かなくなっている。

3 最近は教師に向かって〔　〕を吐くような生徒も珍しくない。
4 風邪が〔　〕を振い、クラスの半分の学生が欠席している。
5 〔　〕を晴らすにはカラオケが一番だ。思いきり歌った後は、いやなことなど忘れてしまう。

```
a 暴言    b 不安    c 歯止め    d うっぷん    e 猛威
```

4 次の各文の〔　〕に□□から適当なものを選び、必要なら形を変えて入れなさい。
1 私の課に〔　〕いて、仕事と看病で大変な毎日を過ごしている同僚がいる。
2 かつては〔　〕B政権が倒れ、この国にもやっと新しい時代がやってきた。
3 多発するテロ事件に、人々は〔　〕いる。
4 Cさんはどんなに生活が苦しくても、いつも前向きで一度も〔　〕ことがない。
5 各国が協力しなければ、地球温暖化に〔　〕ことはできないだろう。
6 対立があっても〔　〕のではなく、話し合いによる解決を目指すべきだ。
7 部下が思い通りに動かないと言って酒を飲んで部下の悪口を言って〔　〕も何の解決にもならない。

```
a 暴力に訴える      b 権力を振るう        c 弱音を吐く
d 病人を抱える      e うっぷん晴らしをする
f 歯止めをかける    g 危機感を募らせる
```

ユニット4　第2課
リハビリ学会
―― リハビリがっかい ――

下の文章は次のページの記事を簡単に書き換えたものです。

秋は学会の季節である。病院に行くと「○○先生は学会出席のために休診します」という掲示を(1)よく見かける。けれども、学会の成果で先生の診察が(2)上手になったという話は聞いたことがない。考えてみると、医者の学会はあっても、患者の学会はない。

ところが、ある日筆者は、「参加者は医師、看護婦……障害を持つ方や家族」と書かれた"リハビリ学会"のポスターを見つけた。1級の身障者である筆者はリハビリ学会に参加し、意外な経験をしてきた。

これまで(3)存在するがはっきりとは分からない、封建性を感じてきた医療現場は、今、(4)どうするべきかを決める重大な場面にいる。一人の名医よりも、医療に関係する人全体のチームプレーで医療が行われる時代がやってくる。学会に参加し、「医療の夜明け」はもうすぐだと感じた。

この文章の下線部の意味に近い表現になるように、□の中の言葉を使って言い換えてみましょう。

(1)　よく見かける　　　　　　　　→　　目に〔　　〕
(2)　診察が上手になる　　　　　　→　　診察の腕が〔　　〕
(3)　存在するがはっきりとは分からない　→　目に〔　　〕
(4)　どうするべきかを決める重大な場面にいる
　　　　　　　　　　　　　　　　　→　〔　　〕に立つ

　a　上がる　　b　見えない　　c　つく　　d　岐路

解答　　(1) c　　(2) a　　(3) b　　(4) d

リハビリ学会に参加して　名医よりチームワーク

　秋。学会の季節である。病院に行けば「○○先生、××学会出席のため休診」が目につく。学会って何だろう。「学会の成果でヤブ医者先生の腕が上がった、という話、聞いたことがありませんネ」と患者同士が待合室で冗談を言う。そう言えば、患者たちに「患者学会」なんてない。ところが、である。ある日「参加者は医師、看護婦（士）……障害を持つ方や家族」と書かれた"リハビリ学会"のポスターを発見した。僕はレッキとした1級身障者。参加資格がある。恐る恐る"学会"をのぞきに神戸に向かった僕は「医療の夜明け」を感じる意外な経験をしたのだ。医療現場の主役は誰なのか──僕はいつも迷っていた。患者仲間に「主役という認識はありますか？」と聞くと「どうですかねエ」と言葉を濁す。そして、必ずといっていいほど医療機関に対する不満を述べる。目に見えない封建性の中で、医者だけの判断で行われていた医療は、今、岐路に立っている。介護保険が導入されれば、当然、当事者（患者、高齢者、障害者）と地域社会の意思が大事にされる。それは当然である。一人の名医より当事者と地域社会、医療従事者のチームプレーの時代がやってくる。一般人が参加する学会を作ろう。インターネットでその模様が公開されれば市民のための「患者学会」が実現できる。「医療の夜明け」はもうすぐだ。
　　　　　　　　　　　　　　　　　　　　　牧太郎（編集委員）

（毎日新聞　1999.10.22.）

●●●ことばの意味●●●

学会 an academic meeting　　休診 closed, no consultation (used by medical clinics)　　成果 the result(s)　　ヤブ医者 a quack (doctor)　　患者同士 among patients　　待合室 a waiting room　　障害 a handicap　　リハビリ学会 an academic meeting on rehabilitation　　レッキとした officially　　身障者 a physically handicapped person　　恐る恐る with anxiety　　夜明け dawn　　医療 medical treatment　　現場 actual spot　　仲間 companions, fellow (patients)　　機関 a system, organization　　岐路 a forked road　　介護保険 social insurance for care　　導入する to introduce　　当事者 parties concerned　　高齢者 a person of advanced age　　地域社会 a local community　　意思 an intention, wish　　名医 a skilled physician　　従事者 a person who is engaged in　　チームプレー mutual cooperation　　模様 the state of (the meeting)

●●●ことば●●●

1 目につく：目立ってみえる
　p.92参照
　つく3
§気になる
　⇒耳につく（聞こえてくることが気になったり、忘れられなくなったりする）／鼻に〜（同じことが何度もくりかえされていやになる）
　・最近、質問ではないのに文末を上げる言い方が耳につく。
　・あのタレントは独特のしゃべり方が鼻につくという理由で番組から降ろされた。
§能力を得る
　⇒身につく＊
　　＊対応する他動詞形は「身につける」
　・先生の厳しい指導のおかげで、正しい英語の発音が身についた。
§そういう状態にない
　⇒手につかない＊
　・国の母が入院したという手紙が来て、心配で勉強が手につかない。
　　＊常に否定形で用いられる。
　つく1　つける1　p.13参照
　つく2　つける2　p.57参照
　つく4　つける4　p.206参照

2 腕が上がる＊：上達する
　　＊対応する他動詞形は「腕を上げる」
　・一人暮らしで自炊しているおかげで、料理の腕が上がった。
　・練習を積んだんでしょうね。ずいぶんテニスの腕があがりましたね。
　あがる＊1
§地位や程度などがより高くなる
　⇒効果があがる／能率が〜／成績が〜／評価が〜／スピードが〜／ピッチ

が〜／人気が〜

あげる *1 ⇒ 効果をあげる／能率を〜／成績を〜／評価を〜／スピードを〜／ピッチを〜

- 作文の授業にワープロを導入した。漢字の正しい読み方を覚える点で効果が上がった。
- 一生懸命勉強しているのに成績が少しもあがらない。
- この歌手は最近出した曲がヒットして、急速に人気が上がっている。

§ 現象が現れる

⇒ 歓声があがる／証拠が〜／名前が〜

あげる *1 ⇒ 歓声をあげる *2 ／証拠を〜／名前を〜

- 「授業をやめて散歩に行こう」という先生の言葉に、子供たちから大きな歓声があがった。
- その男は自分はやっていないと主張していたが、証拠があがって、ついに犯行を認めた。
- 党の委員会は次期総理大臣候補として、Aの名前を挙げた。

*1 漢字には「上がる／上げる」「挙がる／挙げる」がある。
*2 「歓声をあげる」には他動性がなく、「歓声があがる」とほとんど同じ意味で使う。

3 **言葉を濁す**〈慣用〉：真実や事実を隠してはっきり言わない

- 労働条件の改善の返事を求めたが、経営者側は言葉を濁し確かな回答はしなかった。
- 不祥事を起こした会社の社長は、責任の所在を尋ねられても言葉を濁して明確な説明をしなかった。

言葉

言葉を交わす〈慣用〉：挨拶程度の話をする

- Aさんとは1年も同じクラスで勉強しているが、ほんの一言二言言葉を交わした程度だ。

言葉を尽くす〈慣用〉：いろいろな言葉を用いて表現する

- こちらの事情を言葉を尽くして説明したが、理解してもらえなかった。

言葉を失う〈慣用〉：感情の高ぶりによって表現する言葉が出ない
- 事故にあった人の家族は、事故現場の悲惨さに言葉を失い、呆然とたたずんでいた。

言葉にならない〈慣用〉：言葉にして言い表すことができない
- きのう見た映画には、言葉にならないほど感動した。

言葉を返す〈慣用〉：相手の言葉に対して言い返す
- お言葉を返すようですが、私はこの計画には反対です。

言葉をはさむ〈慣用〉：相手の話している最中に自分の意見を言う
- クラスメートの話が身勝手なものだったので、聞いているだけのつもりだったが、私もつい言葉をはさんでしまった。

言葉をのむ／〜をのみ込む〈慣用〉：感動や驚きのために言葉がでなくなる、状況を考えて言おうとしたことを言わずにやめる
- 山頂に登りつめたところで、目の前に広がる風景のあまりの美しさに言葉をのんだ。
- 動作の遅い子に「早くしろ」と言おうとした言葉をのみ込んだ。その子は足に怪我をしていたのだった。

言葉尻をとらえる〈慣用〉：他人の言い間違いや、言葉の使い方について、あれこれ言う
- 言葉尻をとらえて文句をいうのはやめて、本質的な議論をしてほしい。

4 **目に見えない**：実際に目でとらえられない⇔目に見える
- 社長の前では、目に見えない圧力を感じて、委縮してしまいます。
- 今回のプロジェクトは、社長から一般社員まで、全社的に目に見えない応援や協力があったからこそ成功したのです。

5 **岐路に立つ**：どちらかに決めなければならない重大な場面にいる
- 私が初めて人生の岐路に立ったのは、入社5年後、このまま会社に残るか、退職して留学しようかと考えたときだ。
- 今、日本の大学進学率は50％に迫ろうとしている。高等教育の一般化

をめざすのかあるいは専門的な知識をもった学生を育てるのか、岐路に立っているのではないか。

立つ1 p.4 参照

ちょっとひといき　人を表す言葉(2)

　保育園で子供の指導をするのはほとんどが女性だったため「保母」と言い、男性がその職業につくと「保父」という言葉を使っていましたが、99年の4月より男女を問わず「保育士」という言葉に改められました。このように、人の職業を表す「士」は、資格や免許を取得しなければその職に就くことができないような場合に使われ、「弁護士」「栄養士」などがその例です。(1)(p.140)に挙げた「運転士」も、運転を職業とする人の正式な呼称で、「運転手（さん）」は親しみをこめた通称です。

　発音が同じ「師」は、「教師」に代表されるように、何かを教える人を指しますが、専門の技術を職業とする人にも使います。「医師」もその例ですし、ほかに「美容師」「調理師」などがあります。

　これまで挙げてきた以外にも、「議員」「乗務員」などの「員」や、「政治家」「小説家」の「家」も人を表す言葉と言えます。

●●●練習問題●●●

1 左と右を結びなさい。
1 証拠を　　　　　a　あがる
2 言葉に　　　　　b　あげる
3 鼻に　　　　　　c　つく
4 手に　　　　　　d　つかない
5 人気が　　　　　e　ならない

2 次の各文の〔　〕に□から適当なものを選んで入れなさい。
1 図書館で隣の人がしゃべる声が〔　〕について、集中できない。
2 外国語を効率的に〔　〕につけるためにはどうしたらいいかなあ。
3 今日、奥さんが出産予定というAさんは、朝から仕事が〔　〕につかないようだ。
4 いったんその人のことが嫌になると、その人の小さな癖まで〔　〕について、がまんができなくなる。
5 街を歩いていると、カタカナ語のポスターが〔　〕につく。

　　a　目　　b　耳　　c　身　　d　鼻　　e　手

3 次の各文の（　）には適当な助詞を入れ、〔　〕には□から適当なものを選んで入れなさい。
1 課長は毎日残業している新入社員に、もう少し〔　〕（　）上げて、時間内に終えるように注意した。
2 ついに本日のメインゲストの登場が告げられた。観客は、待ってましたとばかりに〔　〕（　）上げた。
3 社員A：今回の人事異動で、誰がうちの課の課長になるんだろう？
　社員B：Cさんの〔　〕（　）上がっているらしいよ。
4 A：Bさん、ずいぶんゴルフの〔　〕（　）上げましたね。
　B：いやあ、実は、ちょっと特訓しましてね。

5　学生A：ねえ、このバンド知ってる？
　　学生B：ああ、最近〔　　〕（　　）上がってきてるロックバンドね。

a 腕　b 人気　c 名前　d 能率　e 歓声　f 証拠

4　次の各文の〔　　〕に［　　］から適当なものを選び、必要なら形を変えて入れなさい。
1　長年近所に住んでいるのに、Aさんとは言葉を〔　　〕ことがない。
2　言葉を〔　　〕説明しても、どうしても理解してもらえないので困っている。
3　「父の日のプレゼント何にした」と聞きかけて、その友人には父親がいないことを思い出し、あわてて言葉を〔　　〕。
4　反抗期の子供は、親の言葉尻を〔　　〕は、文句を言う。
5　会議の席では、発言の途中で言葉を〔　　〕のは失礼だ。

a はさむ　b 交わす　c 尽くす　d のみ込む　e とらえる

5　次の各文の（　　）には適当な助詞を入れ、〔　　〕には［　　］から適当なものを選び、必要なら形を変えて入れなさい。
1　先輩：どうして、課長にはっきり言わないんだ？
　　後輩：課長の前に出ると、なんだか目（　　）〔　　〕圧力みたいなのを感じてしまって、言い出せないんですよ。
2　学生：先生、卒業したら大学院に進もうか、就職しようか迷っているんですが。
　　先生：人生の岐路（　　）〔　　〕いるということですね。よく考えて決めることが大切ですよ。
3　インタビュアー：優勝した感想は？
　　選手：うれしくてうれしくて、この気持はとうてい言葉（　　）〔　　〕。みなさんのお陰です。
4　社長：この企画は、今期の優先課題として取り組んでもらいたい。

部下：お言葉（　）〔　　〕ようですが、現在の経済状況を考えると、この企画の実現はかなり難しいかと思われますが……。

a　つく　　b　なる　　c　返す　　d　見える　　e　立つ

6　次の文章の下線部を〈ことば〉で扱われている表現にしなさい。

1　歯科医の治療台に寝かされていると、誰しも①<u>なんだかはっきりとはわからない圧迫感のようなもの</u>を感じるのではないだろうか。隣の人が歯を削っている独特の音が②<u>気になって仕方がなく</u>一秒でも早く帰りたい気持にさせられる。けれども上手だという評判のA先生は、冗談を言って笑わせながら、一回一回③<u>丁寧に</u>症状の説明をしてくれるので、リラックスして治療が受けられる。

2　わが社は、今回の新製品開発において、ライバルのA社の競争に勝っていると見てよい。海外に派遣された若手技術者が④<u>技術を上達させ</u>、先端技術を⑤<u>自分のものとして獲得した</u>ことが⑥<u>よい結果を出している</u>と考えられる。

　　①目に〔　　　〕
　　②耳に〔　　　〕
　　③言葉を〔　　　〕
　　④技術の腕を〔　　　〕
　　⑤身に〔　　　〕
　　⑥効果を〔　　　〕

(p.28の続き)

●●●語彙情報2●●●

意志性のない他動詞を持つ連語 (2)

連語を作る動詞が他動詞であるが、実際には「意志的にそうしようと思ってする動作」を表さないものには次のようなものもあります。

(2)心理的な反応や心の状態を表すもの

他からの刺激に対する心理的な反応や心の状態を表すものは自分ではコントロールできないものであり、意志的な動作ではありません。

不安を募らせる　言葉を失う　腹を立てる　肩を落とす　声をのむ
---

①情報が入り乱れ状況がつかめない家族は不安を募らせた。
　　(＝不安がどんどん大きくなっていった)
②すばらしい演技に審査員は言葉を失った。
　　(＝何も言えなかった)
③不合格という発表を聞いて兄は肩を落とした。
　　(＝落胆した)
④目の前のすばらしい景色を見てみんなは声をのんだ。
　　(＝声が出なかった)

(3)ある出来事がある人に起こるということを表すもの

ある人の体や身内、所有物に普通あまり望ましくないある出来事が起こりその人が影響を受けるという場合にも、日本語では他動詞を用いる場合があります。下の例を見てわかるように、主語である人はそうしようと思ってそのような行為を行なったのではなく、むしろ被害者的な立場にあると言っていいでしょう。

親を亡くす　家を焼く　腕を折る
---

①あの人は早くに親を亡くしたので独立心が強い。
　　(＝あの人は、若い時(あの人の)親が亡くなったので独立心が強い)
②あの学者は戦争で家を焼いた時、苦労して集めてきた資料を失った。
　　(＝あの学者は戦争で(あの学者の)家が焼けた時、苦労して集めてきた資料を失った)
③C君はスキーをしていて転倒し腕を折った。
　　(＝C君はスキーをしていて転倒し、(君の)腕が折れた)　(p.192に続く)

ユニット4　第3課

招き猫に時代の風
——まねきねこにじだいのかぜ——

下の文章は次のページの記事を簡単に書き換えたものです。

> 毎年正月に、群馬県高崎市で「だるま市」が開かれる。それに向け、製造業者はだるまづくりの(1)最終段階に入り、いっそうがんばっている。作業は一年中続くが、乾いた風が吹くこの時期が乾燥も早く、いちばん(2)仕事の完成が早くなるのだという。萩原正雄さんは、招き猫の製造を七十年近く続けている。以前は多くの業者がだるまと招き猫の両方をつくっていたが、猫は形が複雑で(3)多くの時間や労力が必要なため、次第に(4)その仕事をしなくなる人が増えて、今ではすべて、萩原さんの(5)責任になっている。
> 　招き猫は、左手を上げ、右手に小判を抱いている商売用のものが通常の形。これに対して、右手を上げたものもあって、こちらは「幸福・金運を招く」一般家庭用。これまで商売用が圧倒的に多かったが、右手を上げた家庭用が追い上げ、(6)同じぐらいになろうとしているのが最近の傾向らしい。
> 　萩原さんは、「最近は、時代の(7)状況が変わったのか、いろんな形の猫をつくらされるが、できるだけ(8)客からの希望を受け入れるようにしている」と話す。

この文章の下線部の意味に近い表現になるように、□の中の言葉を使って言い換えてみましょう。同じ言葉を二度使ってもいいです。

(1) 最終段階に入り、いっそうがんばる　→　追い込みに〔　　〕
(2) 仕事の完成する速度が速くなる　→　能率が〔　　〕
(3) 多くの時間や労力が必要だ　→　手間が〔　　〕
(4) それまでの関係をやめる　→　手を〔　　〕
(5) 責任や義務などがある人の負担になる　→　肩に〔　　〕
(6) （実力や立場が）同じぐらいだ　→　肩を〔　　〕
(7) 状況が変わる　→　風向きが〔　　〕
(8) （他からの）希望などを受け入れる　→　注文に〔　　〕

> a 上がる　　b こたえる　　c かかる　　d 引く　　e 変わる　　f 並べる

解答　　(1) c　(2) a　(3) c　(4) d　(5) c　(6) f　(7) e　(8) b

招き猫に時代の風

　群馬県高崎市の少林山達磨寺。ここで毎年正月に開かれる恒例の「だるま市」に向けて、七十軒の地元製造業者は最後の追い込みにかかっている。昔、農閑期の副業だっただるまづくりも今では本業に。作業は一年中続くが、上州名物のからっ風が吹くこの時期が乾燥も早く、いちばん能率が上がるのだという。

　萩原正雄さん(78)は中でただ一人、招き猫をつくり続けて七十年近い。かつては多くの業者がだるまと招き猫を並行してつくっていたが、猫は形が複雑な分手間がかかるため次第に手を引く人が増えて、すべて萩原さんの肩にかかるようになったのだ。

　「三人がかりで一日百個が精いっぱい。ほとんど手仕事だから量は増やせないが、色はこう、顔はこんな風に、という注文にはできるだけこたえるようにしている。それにしても近ごろはいろんな猫をつくらされる。時代の風向きが変わったのかもしれないねえ」

　確かに、招き猫の"生息地図"には変化が感じられる。百貨店やスーパーが開く「招き猫市」はすっかり定番化し、それだけを集めた専門店も増えた。

　招き猫の起源には諸説があるが、「千客万来」「商売繁盛」の縁起物として商家の店先に飾られるようになったのは江戸時代といわれる。左手を上げ、右手に小判を抱いているのが通常の形。飲食店などでよく見る商売用の招き猫だ。

　これに対して、右手を上げたものもあって、こちらは「幸福・金運を招く」一般家庭用。これまで左手を上げた商売用が圧倒的に多かったが、右手を上げた家庭用が追い上げ、肩を並べようとしているのが最近の形勢らしい。

　「身近なものに霊性を見るのが日本人の特質。招き猫はその代表のようなものだから、商家に限らず一般家庭でも置くようになるのは不思議ではない」というのは国学院大学の三橋健教授（神道学）だ。

　「しかし、それがある種のブームと聞けば考えてしまう。こうした民間信仰が盛んになるのは、決まって社会不安が増大しているときだからです」

（日本経済新聞　2000.12.16.）

●●●ことばの意味●●●

恒例 annual, customary　　だるま Dharma doll　　農閑期 the slack season on the farm　　副業 a side job, secondary work　　本業 one's main occupation　　上州 Gunma Prefecture　　名物 local speciality　　からっ風 strong, dry wind　　招き猫 a figure of a beckoning cat displayed in shops to bring luck　　生息地図 habitat (of an animal)　　定番化 standardization　　諸説 various theories　　縁起物 good-luck charm　　商家 a mercantile house　　小判 a gold oval coin　　金運 luck with money　　形勢 the situation　　霊性 spirituality　　神道学 the study of Shinto　　ブーム boom　　民間信仰 folk beliefs　　社会不安 social unrest

●●●ことば●●●

1　追い込みにかかる*：最終段階に入り、いっそうがんばる
　　　＊対応する他動詞形は「追い込みをかける」
・受験勉強も追い込みにかかって、生徒たちの表情が厳しくなってきた。
・そのランナーはゴールの手前1キロの地点で猛烈な追い込みをかけた。

かかる2
§やり始める*
⇒　準備にかかる／仕事に～／仕上げに～
・出発30分前だ。そろそろ準備にかかろう。
・昼休みを終えて仕事にかかったとたん、部屋のあちこちで電話が鳴った。
・Aさんは絵を描くのが実に速い。私はまだ半分も描けていないのに、Aさんはもう仕上げにかかっている。
　　　＊この意味の時は常に助詞は「に」を用いる。
かかる1　かける1　p.65参照

2　能率が上がる*：仕事を完成する速度が速くなる
　　　＊対応する他動詞形は「能率を上げる」
・エアコンのきいた涼しい部屋で勉強すると、能率が上がる。
・もう少し能率を上げて仕事をやらないと、締切りまでに間に合わない。

あがる　p.145参照

3　手間がかかる＊：多くの時間や労力が必要である
　　＊対応する他動詞形は「手間をかける」
・魚料理は、うろこや骨を取るのに手間がかかるので嫌いだ。
・店のイメージのため、忙しくても掃除は毎日手間をかけてやっている。

手間
⇒ 手間を省く／～をとらせる／～を惜しむ
・家事の手間を省くため、週に4日は外食している。
・お手間はとらせませんので、ちょっとだけ私の話を聞いてください。
・手間を惜しんでは、本当にいいものは作れない。

かかる1　p.65参照

4　手を引く〈慣用〉：それまでの関係をやめる
・A銀行は長い間わが社に協力してくれていたのに、わが社の経営状態が悪くなったと見ると、とたんに手を引いてしまった。
・ある事件を追っていた新聞記者は、ある日何者かによって、その事件から手を引けと脅された。

5　肩にかかる〈慣用〉：責任や義務などが、ある人の負担になる
・社長は、入社式で新入社員に向かって「わが社の運命は君たちの肩にかかっている」と述べた。
・先輩たちが一度に店をやめてしまい、大きな責任がA一人の肩にかかってきた。

6　注文にこたえる：他からの希望や条件などを受け入れ、その通りにする
・当店は、お客様からのどのようなご注文にもおこたえします。
・明日までにレポートを3つ書けなんて無理な注文にはこたえられないよ。

注文
⇒ 注文に応じる／～を出す／～をつける／～がつく／～が多い／～がある

- 上司は、もっとていねいに字を書くように、と部下に注文をつけた。
- 食事にうるさい父は材料や味付けに注文が多いので、母は毎日苦労している。
- 会議の運営方法に何か注文がある方は、議長まで遠慮なく申し出てください。

[こたえる]

§ 他からの働きかけに対して応じる

⇒ **要望にこたえる**／ニーズに〜／期待に〜／アンコールに〜／声援に〜

- 市長は市民の要望にこたえて様々な改革を断行した。
- そのピアニストは、客のアンコールにこたえてもう一曲演奏した。
- 選手はファンの声援にこたえて、笑顔で手を振った。

§ 外から受ける刺激などを強く感じる

⇒ **胸にこたえる**／身に〜／骨身に〜 （身体につらく感じる）

- 私を責める友人の言葉が胸にこたえた。
- 退院してあまり間がないので、重労働は身にこたえる。
- 今年の酷暑は、特別骨身にこたえる。

7 **風向きが変わる**＊：物事の成り行きや状況が変化する
　　＊対応する他動詞形は「風向きを変える」

- 昨日まで一人旅に反対だった父の風向きがなぜか急に変わり、「行ってもいい」と言ってくれた。
- 政府に今求められているのは、景気の風向きを変えるような思い切った政策だ。

[風向き]

⇒ **風向きを見る**／〜をうかがう／〜がいい／〜が悪い

- 新しい事業をはじめるときは、経済の風向きをよく見ることが必要だ。
- 新企画を考える時は、業界の風向きをうかがうだけでなく、独自の発想を打ち出すことも重要だ。
- だんだん課長の風向きが悪くなってきたから、今日は早めに帰ろう。

8 　**肩を並べる**〈慣用〉：競争相手と同じ程度の実力、地位、立場などになる
 ・その国はまだ発展途上にあるが、コンピューター技術の面では、すでに先進国と肩を並べるまでになったと言える。
 ・わがチームも、トップチームと肩を並べて戦える日が一日も早く来るよう、日々練習を続けている。

ちょっとひといき　あなたは日本語の上手な使い手？

　体の部分のうち、「手」は「目」「口」などと並んでとても重要なものです。単語の中でも「手」はいろいろな使われ方で現れます。「手作り」「手仕事」「手書きの原稿」「手招き」「手加減」などのように、体の部分としての「手」を使った単語も多いです。また、「話し手／聞き手」「書き手／読み手」「売り手／買い手」のように「行為をする人」という意味で使われることがあることは140ページの「人を表す言葉(1)」にも書かれています。
　「手」が「手ごわい」「手短か」「手厚い」のように形容詞の前につく場合は、本来の「手」の意味は薄れ、後の形容詞の意味を強めるのに用いられています。
　また、「手」が方向を表す場合もあります。観光バスのガイドに「右手をごらんください、金閣寺が見えます」と言われて、自分の右の手の中をいくら探してもお寺が見えるわけがありません。もちろんこれは「あなたの右の方向を見てください」と言うことです。歌舞伎やミュージカルなどでは、「上手（かみて）」は客席から見た舞台の右側のことです。左側は「下手（しもて）」です。「上手」を「うわて」と読んで、「人より能力などがすぐれている人」を表すこともあります。ほかに「上手（じょうず）／下手（へた）」という読み方もあります。

●●●練習問題●●●

1 左と右を結びなさい。同じものを二度以上使ってもよい。
1 肩に　　　　　　a 変わる
2 肩を　　　　　　b こたえる
3 手を　　　　　　c 並べる
4 手間が　　　　　d 引く
5 注文に　　　　　e かかる
6 追い込みに
7 風向きが

2 次の各文の（　）には適当な助詞を入れ、〔　〕には□から適当なものを選び、必要なら形を変えて入れなさい。
1 10年前に独立したその会社は着実に業績を伸ばし、ついに親会社と肩（　）〔　〕までに成長した。
2 12月に入り、高校生たちは受験勉強の追い込み（　）〔　〕いる。
3 その選手は帽子をとってファンの声援（　）〔　〕いる。
4 景気の風向き（　）〔　〕ためには、政府はもっと思い切った政策を立てる必要がある。
5 おいしい料理を作るためには、手間（　）〔　〕はいけない。
6 当社と共同開発を進めていたA社が、突然このプロジェクトから手（　）〔　〕たいと言い出した。
7 あ、Bさん。来てくれてよかった。電話する手間（　）〔　〕よ。
8 取引き先に、今日までに計画書を書き直してくるよう注文（　）〔　〕おいたのだが、まだ持って来ない。

| a かかる | b 惜しむ | c 引く | d 出す |
| e こたえる | f はぶける | g 変える | h 並べる |

3 次の各文の〔 〕に　　から適当なものを選んで入れなさい。

1 わが社では消費者の多様な〔　〕ため、つねに新しい技術の開発に努めている。
2 安売りスーパーでは、商品を並べたり包装したりする〔　〕ことで低価格を実現している。
3 期限が近づいてきたので、仕事の〔　〕ためにアルバイトを雇うことにした。
4 経営者には、経済の〔　〕能力も必要だ。
5 私の上司は言葉づかいや仕事の態度などにいろいろと〔　〕ので大変だ。

```
a 能率を上げる    b 手間をはぶく    c 注文が多い
d ニーズにこたえる  e 風向きを見る
```

4 次の各文の〔 〕に　　から適当なものを選んで入れなさい。

1 もう11月も終りか。そろそろ年賀状の〔　〕にかからないといけない。
2 アルバムの整理がこんなに〔　〕がかかる仕事とは思わなかった。
3 国の将来は若い人々の〔　〕にかかっているのだから、もっと教育の重要性が議論されるべきだ。
4 その子は見事に親の〔　〕にこたえて、希望の大学に合格した。
5 先月会社が倒産してしまい、今年の冬は一層寒さが〔　〕にこたえる。
6 新しい事業は採算がとれないようだ。早目に〔　〕を引いたほうがいい。
7 夏、室内の温度を1度下げたら、仕事の〔　〕がずいぶん上がった。
8 最近母は機嫌が悪い。お小遣い増額の要求はもっと〔　〕のいい時にしよう。

```
a 肩    b 身    c 能率    d 手間    e 手
f 期待  g 風向き  h 準備
```

ユニット4　第4課

日本にも「新映像都市」を
―― にほんにも「しんえいぞうとし」を ――

下の文章は次のページの記事を簡単に書き換えたものです。

> 映画は国の文化であると私は確信している。昨年、新聞のコラムで遠山敦子氏が「文化は国を守り国の魅力を語る力」「来世紀には日本は上品な文化の国として存立したい」と主張しておられた。遠山氏が語る(1)言葉の一つ一つを味わうように理解し、文化の持つ価値について(2)より深く考えるようになった。
> 　高い文化を目指すことは必要だ。わが国は、(3)国民みんなでもっと積極的に日本文化の発信に努めていかねばならない。例えば、映画など世界の映像情報を保存、保有する映像博物館を設け、一般の人々にも公開し、映像文化の(4)周辺部を広くする努力をしてはどうだろうか。

この文章の下線部の意味に近い表現になるように、□の中の言葉を使って言い換えてみましょう。

(1) ことばの一つ一つをよく味わう　→　一語一語を〔　　〕
(2) より深く考える　→　思いを〔　　〕
(3) 国民みんなで　→　国を〔　　〕
(4) 周辺部の範囲を大きくする　→　すそ野を〔　　〕

> a 広げる　　b 深める　　c 挙げて　　d かみしめる

解答　(1)d　(2)b　(3)c　(4)a

日本にも「新映像都市」を

映画はその国の文化であると私は確信している。私は映画の製作・配給・興行に関係する人たち、さらには映画を見る人たちにも同じ思いを持ってもらえればと願っている。

昨年、新聞のコラムで国立西洋美術館長の遠山敦子氏が「文化は国を守り国の魅力を語る力」「日本は地理的宿命もあり、もっと積極的に自ら国を開いて文化を発信することが大切」「来世紀には日本は品格ある文化の国として存立したい」と主張しておられたのを読んで、感じ入った。遠山氏が語る**一語一語をかみしめ、**文化の持つ価値について**思いを深めている。**

文化への高い志は必要不可欠である。自国文化への志のない国家はその存立を危うくするであろう。世界の映画市場の**約8割を占める**米国映画に対してフランスのジャック・ラング元文化相は「米国映画の浸透は文化侵略につながる。映画は創造性と独創性の芸術。政府として自国の映画製作を支援しなければならない」と明言している。

仏政府は自国の独自文化を守る観点からハリウッド映画の市場席けんを警戒、映画産業を保護・育成しているのである。明確な文化ビジョンをもつフランスに**羨望の念を禁じえない。**

わが国は、政府開発援助（ODA）や国連の運営分担金など、多額の資金を世界平和のために支出しているが、残念なことに世界からそれに見合う尊敬を得られていない。**国を挙げて**もっと積極的に日本文化の発信に努めていかねばならないのではないか。

一方、米国映画をこのまま容認していては、知らず知らずのうちに、米国的思考や米国的正義に感化されてしまわないだろうかという心配がある。韓国ではスクリーン・クオーター制で、韓国映画の上映を一定比率で映画館に義務づけ、韓国文化として韓国映画を育てている。規制緩和は時代の流れであるが、日本においても文化的安全保障の観点から、自国の文化を守る規制は強化すべきではないかと思う。

ハリウッドは「映画の都」として君臨しているが、わが国もハリウッドに対抗する「新映像都市」を日本文化の発信基地として実現すべきだと考える。新映像都市には最先端のスタジオ機能を核にして、アナログからデジタルの映像

に関する全領域を網羅する機能を集結したい。
　スタジオは映像製作をするための施設で、映画会社などの映像関係者や音楽関係者が利用できるようにする。衛星回線を使い、映像配信をする施設も併設。これに加え、監督、プロデューサー、脚本、美術、撮影などの人材育成を行う映像高等教育機関も創設する。
　世界の映像情報をデジタルデータ化して保存、保有する映像博物館も設け、一般の人々にも公開し、**すそ野の広い**「一大映像産業・文化コンビナート」にしたらどうであろうか。
　21世紀における文化戦略として、民間企業に加え、国あるいは地方自治体が自らの志として、真剣に実行すべき課題ではないかと思う。
　「新映像都市」が立地する都市は、文化の発信力を持つ国際都市として魅力と活力にあふれた千客万来のにぎわいを得るであろう。「新映像都市」が実現し、わが国が今世紀において遠山氏の説かれる「品格ある文化の国」となることを強く願っている。
（ナムコ会長　中村雅哉）

（日本経済新聞　2001.2.3.）

●●●ことばの意味●●●

確信する to be convinced　配給 distribution　興行 performance　コラム column (in a newspaper)　地理的宿命 geographical fate　自ら voluntarily, of one's own accord　発信 to send, to transport　品格 dignity　存立 existence　志 one's will, intention　不可欠 indispensable　文化相 Minister of Culture　浸透 penetration　創造性 creativity　独創性 originality　支援する to support　明言する to say explicitly, to declare　観点 stand point　市場 market　席けん overwhelm　警戒する to be cautious　保護する to protect　育成する to promote　羨望 envy　念を禁じえない cannot help feeling〜　政府開発助 (ODA) Official Development Assistance　国連 the United Nations　見合う to correspond　積極的 active, positive　容認する to accept　感化する to influence　義務づける to require　規制緩和 deregulation　安全保障 security　君臨する to reign　基地 base　最先端 the most advanced　網羅する to cover　アナログ analog　デジタル digital　データ data　コンビナート industrial complex　戦略 strategy　説く to advocate, to preach

●●●ことば●●●

1　一語一語をかみしめる：一つ一つの言葉の意味を十分に深く味わう
- 先生の教えの一語一語をかみしめ、卒業後の人生に生かしていきたい。
- 老人は自らの戦争体験について、一語一語をかみしめるように語った。

[かみしめる]

⇒**思い*をかみしめる／教えを～／言葉を～／喜びを～／幸せを～**
- オリンピックの代表から外された選手は、ロッカールームのすみでくやしい思いをかみしめていた。
- 選手たちは優勝の喜びをかみしめるように酒をゆっくり飲み干した。
- いろいろあったが、今は、生まれてきた幸せをかみしめながら生活している。

　*「思い」の前には「くやしい思い」「つらい思い」のように、どんな思いかを説明する言葉が必要である。

2　思い*2を深める*1：より深く考える
　　*1　対応する自動詞形は「思いが深まる」
- 今度の旅行で広大なオーストラリアの大地に触れ、自然への思いを深めた。
- 凶悪な事件のニュースを聞くたびに、日本の将来に対する不安な思いを深めている。

　　*2　このような「思い」には「文化についての思い」「自然への思い」、「不安な思い」のように思いの対象を説明する言葉が必要である。

[思い]

✣思うことや考えを持つ様子に関する表現

⇒**思いがめぐる***（いろいろなことを考える）／**～をめぐらす***（回想したり、これからのことを考えたりする）／**～を抱く***（深い気持を持つ）
- 今度の旅行があまりに楽しかったので、次はどこへ行こうかと今から思いをめぐらしている。
- 多民族国家の地域紛争のニュースを聞くたびに異なる民族の共存は難しいという思いを抱かざるをえない。

＊文脈から「思い」の内容が分かる場合を除いて、「〜という思い」「〜の思い」などでどのような「思い」かを説明する必要がある。

思いを致す〈慣用〉：そのことについて深く考える
・毎年の追悼式は震災で亡くなった方々とその遺族の方々の悲しみに思いを致す日だ。

思いをはせる〈慣用〉：遠く離れているもののことを思う
・遠い故郷に思いをはせると、優しい父母の姿が目に浮かんでくる。

❖願望を持ったり、実現したりすることを表す表現
⇒**思いがかなう**＊（願いが実現する）／**〜をかなえる**＊（願いを実現させる）／**〜がこもる**（願いや気持が入っている）／**〜を込める**＊（願いや気持を入れる）／**〜をとげる**＊（希望通りのことを実現させる）
・医者になりたいという息子の思いを何とかしてかなえてやりたい。
・この記念碑は、二度と戦争を起こすまい、という思いを込めて建てられた。
・今日は決勝戦だ。サッカーで日本一になるという思いをとげる時がついにやってきた。
＊文脈から「思い」の内容が分かる場合を除いて、「〜という思い」「〜の思い」などでどのような「思い」かを説明する必要がある。

❖好意を表す表現
⇒**思いを告げる**（恋心を伝える）／**〜を告白する**（恋心を思い切って伝える）
・口で思いを告げるよりも手紙を書く方が易しい。
・友達だとばかり思っていたAさんに突然思いを告白されて驚いた。

思いを寄せる〈慣用〉：恋心を持つ
・聡明なA子に思いを寄せる男性は少なくなかった。

思いをかける〈慣用〉：恋心を持つ
・B子は10年も思いをかけ続けた彼と、今年の春めでたく結婚した。

❖予想を表す表現
思いも寄らない〈慣用〉：予想もしない
・君が訪ねて来てくれるなんて、思いも寄らなかった。

思いもかけない〈慣用〉：予想もしない
・思いもかけずこのような賞をいただき、驚きと喜びで胸がいっぱいです。

* 「思いのほか（予想と違って）」という言葉がある。
・休日にもかかわらず、遊園地は思いのほか空いていた。

|深める|

§ 強くしたり　多くしたりする

⇒ **自信を深める**／**興味を**〜／**関心を**〜／**混迷（の度）を**〜

|深まる|⇒ **自信が深まる**／**興味が**〜／**関心が**〜／**混迷（の度）が**〜

・試合に勝ち進むことで、選手たちは自信をさらに深めた。
・先日、能のビデオを見て、ますます日本文化に対する興味が深まった。
・成長とともに、政治に対する彼の関心は深まっていった。
・政局は、日に日に混迷の度を深めていった。

§ よく理解する

⇒ **考えを深める**／**理解を**〜／**学問を**〜／**知識を**〜

|深まる|⇒ **考えが深まる**／**理解が**〜／**学問が**〜／**知識が**〜

・互いの理解を深めるためには、時間をかけて話し合うことが大切だ。
・A子は大学院に進み、さらに学問を深めていった。
・留学生との交流は、外国文化に対する知識を深めるいい機会だ。
・意見の異なる人との議論を通じて自分の考えが深まるということもある。

§ より親しいものにする

⇒ **親交を深める**／**親睦を**〜（互いに仲良くなる）／**関係を**〜／**友情を**〜

|深まる|⇒ **親交が深まる**／**親睦が**〜／**関係が**〜／**友情が**〜

・社員の親睦を深めるために、パーティーを企画しました。
・その政治家は、A氏を通じて、次第にX社との関係を深めていった。
・あるできごとをきっかけに二人の間で手紙のやり取りが始まり、親交が深まっていった。
・去年の夏いっしょに富士山に登ったことで、私とAとの友情がいっそう深まった。

3　**8割*を占める**：全体の8割である

・この講座は女性が受講者の8割を占めている。
・発展途上国であるA国は、農民が人口の8割を占めている。

＊割合を示す数字は何でもよい。

|占める|

§ 全体の中のある部分である

⇒ 60％＊を〜／3分の2＊を〜／多数を〜／大部分を〜／過半数を〜

・現政権の政策を支持する人は、国民の60％を占めるそうだ。
・女子学生がクラスの3分の2を占めている。
・この会社の製品は、輸出用が大部分を占めている。
　＊「60％」、「3分の2」などの数字は何でもよいが、普通は全体の中で多いという意味を伴う。

§ ある地位、場所などを自分のものにする

⇒ 席を占める／場所を〜／首席を〜（一番成績がよい）

・教室で前の方の席を占めているのはいつも留学生だ。
・その別荘は丘の上の一番見晴らしの良い場所を占めている。
・姉は小学校入学時から大学卒業時まで常に首席を占めていた。

4　羨望の念を禁じえない：羨ましいという感情をおさえることができない

・望んだことは何でも実現できた人の話を聞いて、羨望の念を禁じえなかった。
・高給を約束されて転職していった男に対して、やはり元の同僚たちは羨望の念を禁じえないようだ。

|禁じえない|

⇒ 怒りを禁じえない（怒りをおさえることができない）／憤りを〜（怒りをおさえることができない）／涙を〜／驚嘆の念を〜（驚きの気持を強く持つ）／同情の念を〜（同情する気持を持つ）／今昔の感を〜（昔と今とを比べ、その違いの大きさを強く感じずにはいられない）

・自分たちの主義と異なるからと言って、貴重な文化財を平気で破壊する行為に対して、激しい憤りを禁じえない。
・幼くして両親を亡くした上、自身も病に冒されて短い生涯を閉じた青年の話には涙を禁じえなかった。
・以前は郵便で十日以上もかかって届いていた海外の情報が、今はコン

ピュータを使って瞬時(しゅんじ)に手に入れられる。まったく今昔の感を禁じえない。

5 　国(くに)を挙(あ)げて＊：国民みんなで
・不況(ふきょう)の今、国を挙げて景気(けいき)の回復(かいふく)に取(と)り組(く)んでいるところだ。
・オリンピック開催(かいさい)となると、国を挙げての大(だい)イベントとなる。
　　＊たいてい「～を挙げて」の形(かたち)で使う。

|挙げて|
⇒党(とう)を挙げて／地域(ちいき)を～／町(まち)を～／全校(ぜんこう)を～／一家(いっか)を～／総力(そうりょく)を～
・今度の市長選挙(しちょうせんきょ)では、党を挙げて、A候補(こうほ)を応援(おうえん)する。
・マラソン大会(たいかい)の成功(せいこう)に向(む)け、地域を挙げて協力(きょうりょく)する。
・その小学校では、全校を挙げて毎朝15分の読書運動(どくしょうんどう)に取り組んでいる。

6 　すそ野(の)が広(ひろ)い：ものごとの範囲(はんい)が周辺(しゅうへん)にまで広がっている
・写真(しゃしん)の愛好家(あいこうか)は、すそ野が広い。
・インターネット利用者(りようしゃ)のすそ野は今後(こんご)もますます広くなっていくだろう。

|すそ野|
⇒すそ野を広げる／～が広がる
・Jリーグの発足(ほっそく)は、サッカー人口(じんこう)を増(ふ)やし、そのすそ野を広げるのに大きな役割(やくわり)を果(は)たした。
・最近(さいきん)、ワイン愛好家(あいこうか)のすそ野が広がっている。
・阪神大震災(はんしんだいしんさい)をきっかけに、ボランティア活動(かつどう)をする人のすそ野が広がった。

●●●練習問題●●●

1 左と右を結びなさい。
1 言葉を　　　　a 占める
2 すそ野が　　　b 広い
3 自信を　　　　c 挙げて
4 思いが　　　　d かみしめる
5 国を　　　　　e 深める
6 多数を　　　　f かなう

2 次の各文の〔　〕に□□から適当なものを選び、必要なら形を変えて入れなさい。
1 ふるさとの方言を聞いて遠い故郷に思いを〔　　〕。
2 入院中の友人に早く治ってほしいという思いを〔　　〕手紙を書いた。
3 長年思いを〔　　〕いた彼女にやっと告白することができた。
4 A君が仕事で悩んでいたなんて、思いも〔　　〕話だった。
5 大学の創立記念日の式典で、人々はあらためて建学の理念に思いを〔　　〕。
6 この青年は、貧しい生活の中で苦労して勉強に励み、ついに医者になりたいという長年の思いを〔　　〕。

　a 込める　b とげる　c 寄せる　d 寄る　e はせる　f 致す

3 次の各文の〔　〕に□□から適当なものを選んで入れなさい。
1 新メンバーが入会したので〔　　〕を深めるためにパーティーを開く予定だ。
2 警察の捜査は政治家にまで及び、事態はますます〔　　〕を深めていった。
3 Aさんは映画がきっかけで環境問題に対する〔　　〕を深めたのだという。
4 B市はいろいろな交流事業を通じて、C市との〔　　〕を深めていった。

| a 混迷 | b 関係 | c 関心 | d 親睦 |

4 次の各文の〔 〕に□から適当なものを選び、必要なら形を変えて入れなさい。

1 私は長く苦しい練習に耐え、ようやく優勝を果たした。そして今、その〔　〕いる。
2 友人の事故死をきっかけに、命に対する〔　〕。
3 ビデオの発達により、映画ファンの〔　〕。
4 A子は、10年間〔　〕男性と、めでたく結婚することになった。
5 科学が発達していなかった時代に、正確に星の位置を測ることができた古代エジプト人の知恵に驚嘆の〔　〕。

| a すそ野が広がる | b 思いを深める | c 思いをかける |
| d 喜びをかみしめる | e 念を禁じえない |

5 次の各文の（　）には適当な助詞を入れ、〔　〕には□から適当なものを選び、必要なら形を変えて入れなさい。同じものを二度使ってもよい。

1 世界地図や写真を見ながら、いろいろな国の人々について思い（　）〔　〕のは楽しいものだ。
2 A君とこんな場所で再会するなんて、思い（　）〔　〕できごとだった。
3 B夫が知り合いからすすめられた見合いの相手は、驚いたことに、彼が以前からひそかに思い（　）〔　〕いた女性だった。
4 幼児を誘拐した事件の犯人に対し、激しい憤り（　）〔　〕。
5 今回の選挙では、C候補者を町（　）〔　〕応援することになった。
6 牧場で一緒に働くうち、少年たちの友情（　）〔　〕いった。

| a 禁じえない | b 挙げる | c かける |
| d めぐらす | e 深まる |

●●●ユニット4　まとめの問題●●●

1　次の各文章の〔　〕に▭から適当なものを選び、必要なら形を変えて入れなさい。

1　私の住んでいる市は、今年市制50周年を迎える。市では、これを機会に市民相互の親睦を〔①〕ようと、全市を〔②〕の記念祝典を行うことになった。祝典の日を明日にひかえ、市の職員は、会場の飾りつけなど、最後の追い込みに〔③〕いる。私たち一般市民も、全員が何かに参加するとあって、興奮して仕事が手に〔④〕気分だ。

2　B夫は長年の思いを〔①〕、ついにA子と結婚することになった。二人は同じ高校のクラスメートだ。卒業するまでは、たまに言葉を〔②〕程度で、互いに特別な感情はなかったらしいが、同窓会で再会したのをきっかけに、B夫の方がA子への思いを〔③〕いったらしい。出会ってから8年めのゴールインに、パーティーの席で、二人は喜びを〔④〕いる。

```
a  挙げる      b  募る       c  とげる      d  深める
e  かみしめる   f  かかる      g  つく        h  かわす
```

2　次の会話の（　）には適当な助詞を入れ、〔　〕には▭から適当なものを選び、必要なら形を変えて入れなさい。

社員：課長、今日、A社にいらっしゃるとき、この書類を持っていっていただけませんか。

課長：かまわないよ。

社員：よかった。これで郵送する手間（①）〔②〕。

課長：おいおい、郵送するぐらいの手間（③）〔④〕じゃだめだなあ。君からそんな言葉が出るとは思い（⑤）〔⑥〕ことだったよ。忙しすぎて、つい本音（⑦）〔⑧〕ってとこかな。

社員：すみません。でも課長、そんなに言葉尻（⑨）〔⑩〕、小言を言わないでくださいよ。こっちはなんとか仕事の能率（⑪）

〔⑫〕ようと必死なんですから。

課長：いやあ悪かったよ。冗談だよ。

a 惜しむ　b とらえる　c 省く　d 吐く　e 上げる
f 寄る

3

A　左と右を結びなさい。

1　すそ野が　　　　　a　晴らす
2　うっぷんを　　　　b　振るう
3　風向きが　　　　　c　変わる
4　暴言を　　　　　　d　上がる
5　岐路に　　　　　　e　広がる
6　権力を　　　　　　f　立つ
7　人気が　　　　　　g　吐く

B　次の各文章の〔　〕にAで作った表現を、必要なら形を変えて入れなさい。

1　私の勤める会社は、一代で今の会社を大きくしたワンマン社長が〔①〕。その社長が女子社員たちにしばしば〔②〕。黙って聞いているしかない社員たちは、更衣室にサンドバックを置いて、社長に何か言われるたびに、それを殴って〔③〕いる。

2　映画の一シーンに使われたことで、そのスポーツをする人の〔①〕ということは多い。今やオリンピック種目ともなっているビーチバレーなどは、映画「トップガン」の中で行われていたために、〔②〕種目といえるだろう。

3　国民の大多数が、一般市民が日常的に武器を携行することに反対していたが、この無差別殺人事件をきっかけに〔①〕、賛成意見も増えてきた。政府は、法律改正にふみきるかどうかの〔②〕いる。

4

A　左と右を結びなさい。

1　泣き寝入り　　　　a　つくす
2　スピードを　　　　b　つく
3　先頭に　　　　　　c　する
4　言葉を　　　　　　d　上げる
5　鼻に　　　　　　　e　立つ

B　次の各会話文の（　）に上で作った表現を、必要なら形を変えて入れなさい。

1　A課長：きみきみ、そんなふうに1枚1枚ゆっくりやってないで、もう少し〔 ① 〕くれないかなあ。仕事がたまってるよ。

　　社員B：は～い、わかりました。

2　社長：A君、ちょっと……。最近の子は〔 ① 〕説明したって、全然わかっちゃいないんだから、上司である君が〔 ② 〕、手本をみせなくちゃいけないよ。

　　A課長：はい、わかりました。

3　社員B：くやし～い。また、課長に注意されたわ。課長ったら、私のこと目の敵みたいに怒ってばっかり。

　　社員C：ほんと？　もしそうだったら〔 ① 〕ことないって。だいたい、あのいかにも親切そうな注意の仕方が〔 ② 〕のよね。

5

A　次の各表現の（　）には適当な助詞を入れ、〔　〕には□□から適当なものを選んで入れなさい。

1　目（　）〔　〕　　　　2　手間（　）〔　〕
3　注文（　）〔　〕　　　4　弱音（　）〔　〕

　　a　こたえる　　b　吐く　　c　見えない　　d　かかる

B　Aで作った表現を正しい形に直して（　）に入れなさい。また、下線部は〈ことば〉で扱われている表現を用いて書き直しなさい。

①病弱な両親と幼い子どもに責任をもっていながら、夫の経営する会社で事務員として働いている親友がいる。さぞたいへんだろうと思うが、けっして〔 ② 〕。そればかりか「忙しいから〔 ③ 〕料理はなかなか作れないけど、できるだけみんなの〔 ④ 〕好みに合った食事を作るようにしているのよ」とこともなげにいう。全く⑤驚きの気持をおさえられない。彼女からは〔 ⑥ 〕家族への愛が感じられた。

→①病弱な両親と幼い子ども〔　　　　　　　　〕
→⑤驚嘆〔　　　　　　　〕

6 次の文の〔　〕にA群、B群の◻◻から適当なものを選んで〈ことば〉で扱われている表現を作り、必要なら形を変えて入れなさい。同じものを二度使ってもよい。

小さい頃、図鑑を見ながら、星や宇宙のことに〔 ① 〕。あの頃は、今のようにスペースシャトルで、普通の人も宇宙に行けるようになるなどとは〔 ② 〕。一般の人が気軽に宇宙旅行をするということが、いつ実現するのかは、まだ〔 ③ 〕ようだが、多くの人の〔 ④ 〕、宇宙葬というのは、既に実現している。

A群	a 思い	b 目処	c 要望

B群	d 寄る	e 立つ	f こたえる	g はせる

ユニット5 第1課

技に生きる
──わざにいきる──

下の文章は次のページの記事を簡単に書き換えたものです。

　日本の技術力は落ちていると言われるが、特別な技術の開発に(1)努力し、世界で(2)最も進んでいる技術を持つ人たちがいる。東京都大田区は(3)小さな工場が集まっている所だが、そこにある会社は、世界のお札計算機用の真空ポンプの約60パーセントを製作している。これまで、いつも成功してきたわけではない。68年には二度も倒産しそうな(4)危ない事態になった。75年には客からクレームを受けたが、そんなときこの会社の技術力を評価する銀行や取引先が支えてくれた。そのお礼の気持で、台湾大地震の時には値下げをして(5)被害があったお客さんの会社を助けてあげた。渡辺社長は75歳の今でも毎日工場で仕事をする。そのような親の生活を見て成長した長男は、大学を卒業してこの会社に入社した。孫も将来この会社に入る予定だ。「自分の仕事を続けてくれる子供や孫がいるのはうれしい」と渡辺社長は(6)うれしそうな顔をした。

　この文章の下線部の意味に近い表現になるように、□の中の言葉を使って言い換えてみましょう。

(1)　努力する　　　　　　　　　→　　力を〔　　〕
(2)　最も進んでいる　　　　　　→　　先端を〔　　〕
(3)　(力のあまりないものが)集まる　→　肩を〔　　〕
(4)　危ない事態にあう　　　　　→　　危機に〔　　〕
(5)　被害がある　　　　　　　　→　　被害を〔　　〕
(6)　うれしそうな顔をする　　　→　　目を〔　　〕

　a 細める　b 注ぐ　c 行く　d 直面する　e 受ける　f 寄せ合う

解答　　(1) b　(2) c　(3) f　(4) d　(5) e　(6) a

技に生きる

「技術大国日本が危うい」と言われて久しい。だが、だれにもまねのできない独自の技術の開発に力を注ぎ、世界の先端を行く人たちがいる。東大阪と並ぶ技術集積地でナショナルテクノポリスといわれる東京都大田区。個性的な工場が肩を寄せ合う。ここで真空ポンプを制作するのが従業員28人、年間売上高約8億円の三津海製作所だ。「小さくて軽いでしょう。内視鏡用の新製品です。これを心臓部に入れた内視鏡は体の奥深くまで空気を送れるので、検査がしやすく精度も高まるんです」。社長の渡辺陽次（75）は出来立てのポンプをいとおしげに抱える。

この工場で作られた真空ポンプは働き者だ。特に金融機関で活躍する紙幣計算機向けは、世界シェアの約60パーセントを占める。中国やインド、台湾など海外のユーザーも次々訪れる。

順風満帆だったわけではない。68年頃には、二度も取引先の不渡り手形をつかんで、倒産の危機に直面したし、75年には原材料へのクレームで約三千台分のポンプの交換作業を一年がかりでやったこともある。「そのとき私の技術力を評価する銀行や得意先が支えてくれました」。昨年の台湾大地震の際、被害を受けた得意先企業を値下げで支援したのも、恩返しの思いからだ。

「無から有を生むのが職人の夢。夢があれば人間は支えられるものです」。夢追い人は今も現役。毎日工場に立つ。親の背を見て育った長男幸一（51）は大学の理工学部を出た後入社し、今は開発担当の専務だ。孫の盛史（23）も大学卒業後、修業中。「跡継ぎがいるのはうれしいことですね」。渡辺は目を細めた。

（日本経済新聞　2000.6.5.）

●●●ことばの意味●●●

危うい in danger　久しい for a long time　注ぐ to pour　集積地 dense region　ナショナルテクノポリス national techno-polis (the area where hi-tech enterprises are concentrated)　真空ポンプ vacuum pump　年間売上高 yearly amount of sales　内視鏡 an endoscope　精度 precision　いとおしげに tenderly　抱える to hold　紙幣 bills　シェア the share of the world market　ユーザー user (a customer)　順風満帆 Every thing goes well.　不渡り手形 a bad check　クレーム a claim　得意先 a customer　無から有を生む to make something out of nothing　夢追い人 a dreamer　現役 in active service　跡継ぎ a successor

●●●ことば●●●

1　力を注ぐ：集中して努力する
・大震災後、政府は幹線道路とライフラインの復旧に力を注いだ。
・この国の発展は技術の開発と輸出に力を注いだ結果だ。

|力|

§ 物理的な力

⇒力がある／〜が出る／〜を出す／〜が入る／〜を入れる／〜が抜ける／〜を抜く／〜が尽きる

・力がある若い人ならこのビンのふたは簡単に開けられるでしょう。
・重い荷物を運ぶために精いっぱいの力を出してがんばった。
・このドアは重くて、力を入れて引っぱっても全然開かない。
・非常に恐ろしいことに出遭ったときは足の力が抜けて逃げることさえ出来なくなるそうだ。
・急流に落ちた男性は必死で岩につかまっていたが、ついに力が尽きて濁流に流されてしまった。

§ 能力

⇒力がある／〜が出る／〜を出す／〜がつく／をつける／〜が上がる／〜を上げる／〜が落ちる／〜を落とす／〜が尽きる／〜を発揮する

・いくら上級クラスに入りたくても、あの学生には力がないのだから無理だ。
・普段はできるのに試験の時になると力が出ない学生がいる。
・毎日1時間新聞を読むようにしているためか、日本語の力がついてきた。
・塾で勉強するようになってから、あの子は算数の力を上げてきた。
・このチームは最近力を落としているので、今大会での優勝は無理だろう。

- ずっと全ての競技会で上位の成績だった選手もついに力が尽きたのか、このところ勝てなくなってしまった。
- 君には皆が期待しているから、新しい職場でも十分に力を発揮してほしい。

§努力

⇒力を入れる／～が入る／～を尽くす（いろいろな方法で努力する）

- 会話の練習も大切だが、漢字の勉強にもう少し力を入れるべきだ。
- この大学はさすが国際大学というだけあって英語の教育に力が入っている。
- その教授は学生のために力を尽くして就職先を探した。

§気力や体力

⇒力が湧く（元気になる）／～が出る／～を出す／～がつく／～をつける／～を落とす（がっかりする）

- 最近落ち込んでいたが、その本を読んで力が湧いてきた。
- かわいがっていた犬が死んでしまって、今は何をする力も出てこない。
- 手術の後は栄養のある物を食べて力を付けた方がいい。
- 次々に災難に見舞われて、いつも元気なあの人もすっかり力を落としている。

§助け

⇒力になる（助ける）／～とする（頼る）／～を貸す（助けてあげる）／～を借りる（助けてもらう）／～を合わせる（協力する）

- 友だちが困っているので力になってあげようと思う。
- あの代議士は市民団体の組織を力として、選挙を戦っている。
- 私ひとりでこの問題を解決できるかどうかわからないので、是非皆様の力を貸してください。
- 大勢の人の力を借りてこのプロジェクトを完成することが出来た。
- A氏一家は貧しい時代も兄弟で力を合わせて働いた結果、今日のような財を築いたと言われている。

注ぐ

§水が流れ込む

⇒(川が) 海に注ぐ
- 関東平野を流れる二つの川である利根川と多摩川は、それぞれ太平洋と東京湾に注いでいる。

§ 液体を入れる

⇒湯を注ぐ／水を〜／お茶を〜
- カップラーメンは湯を注いで3分待てば食べられる。
- そばやうどんをゆでる時、湯がふきこぼれそうになったら、なべにコップ半分くらいの水を注ぐといい。
- 五つの茶碗に均等にお茶を注いだ。

火に油を注ぐ〈慣用〉：勢いのあるものをもっと勢いづかせる
- 怒っている人たちをなだめようとしたら、かえって火に油を注ぐことになり、ますます怒りは激しくなってしまった。

§ 一つのことに集中する

⇒愛情を注ぐ／情熱を〜
- 両親が愛情を注いで育てた子は大変心の優しい少女に成長した。
- 私の友人は、若いころ、演劇活動に情熱を注いでいた。

目を注ぐ〈慣用〉：見落とさないように注意する
- 教師はクラスの子供たちの細かい動きに常に目を注ぐ必要がある。

心血を注ぐ〈慣用〉：精神と肉体のすべてを集中する
- その老学者は若いころから古代文字の研究に心血を注いできたという。

2　先端を行く：流行、技術などで最も進んだところにある
- A氏はその専門分野の研究では常に先端を行っている。
- 先進各国は科学技術で世界の先端を行こうとしのぎを削っている。

先端

⇒先端を走る／〜に立つ
- A社はバイオ技術では常に業界の先端を走っている。
- 東京の渋谷は若者文化の先端に立とうとする人々が集まる街だ。

3　肩を寄せ合う〈慣用〉：小規模、無力の者が集まる

- この辺りは零細な町工場が肩を寄せ合っている。
- 貧しい生活の中で、一家は肩を寄せ合って暮らしていた。

4　60%を占める：全体の60%である

[占める]　p.167参照

5　危機に直面する：非常に重大で危ない場面に出遭う

- 不況のために売り上げが半減し、会社は危機に直面している。
- 度重なる閣僚の不祥事のため国民の支持を失ったA政権は危機に直面している。

[危機]

❖ 出遭うことを表す表現

⇒ 危機に見舞われる／〜に瀕する／〜に遭遇する

- B社は2期連続の赤字だった上、銀行の融資も受けられず、創業以来初めての危機に見舞われた。
- 危機に瀕して冷静な行動が取れる人こそ指導者にふさわしい。
- その探検隊は雪と氷の世界で何度も危機に遭遇したが、ついに北極点に達することが出来た。

❖ 終わったり逃れたりすることを表す表現

⇒ 危機を乗り越える／〜を脱する／〜を免れる

- あの夫婦はしばらく別居していたが、何とか危機を乗り越えて、離婚には至らなかったそうだ。
- 危篤状態の患者は医師の懸命な努力により危機を脱した。
- 不良少年たちに取り囲まれて殴られそうになっていたところへ、パトカーが来たため、その男性は危機を免れることができた。

[直面する]

⇒ 問題に直面する／課題に〜／事態に〜／死に〜／困難に〜

- 21世紀の世界はテロリストとの対決というこれまでにない問題に直面している。
- A市は中心部の過疎化や周辺部での交通渋滞などの課題に直面している。

- 子どもが不登校になるという事態に直面し、親は苦悩している。
- 死に直面して初めて人生の意味を考えるのでは遅い。
- エベレストの登頂に成功するまでにヒラリー卿は多くの困難に直面した。

6 被害を受ける
- 沖縄や九州地方は毎年台風の被害を受けている。
- 皆で遊びに行くときに、約束の時間に遅れる人が一人でもいると、全員が被害を受けてしまう。

被害

※ 受けることを表す表現
　⇒ 被害を被る／〜がある
- あの人の無責任な行動のために、皆が多大な被害を被っている。
- 高層のマンションが建つと、日照時間、交通渋滞、風害など周囲の住宅には多くの被害がある。

※ 与えることを表す表現
　⇒ 被害を与える／〜を及ぼす／〜が及ぶ
- 干ばつも日照不足も農作物に被害を与える。
- 戦争はその当事国のみならず周辺の国々にも甚大な被害を及ぼす。
- 危険物を扱う工場では事故のときに周囲に被害が及ばないように十分な安全対策を取る必要がある。

7 工場に立つ：工場の仕事をする
立つ1　p. 4参照

8 目を細める＊〈慣用〉：うれしそうな顔をする
- A教授は優秀な教え子の活躍ぶりに目を細めている。
- Aさんは孫の写真を見せながら目を細めてその愛らしいしぐさを語った。

　＊「目を細くする」とも言う。

●●●練習問題●●●

1 左と右を結びなさい。それぞれの語は一度しか使えない。
1 被害を　　　　　a 寄せ合う
2 先端を　　　　　b 細める
3 力を　　　　　　c 直面する
4 肩を　　　　　　d 受ける
5 目を　　　　　　e 行く
6 危機に　　　　　f 注ぐ

2 次の各文の〔　〕に□から適当なものを選び、必要なら形を変えて入れなさい。
1 あの学生は本当はもっと〔　　〕のに、遊んでばかりいるためか試験の成績はいつもよくない。
2 警察は行方不明者の捜索に〔　　〕が、残念ながらついに発見できなかった。
3 スポーツの試合では絶対勝てると思っても最後まで〔　　〕ないほうがいい。
4 最近失敗ばかりしてがっかりしてしまい何もしたくなかったが、友だちが励ましてくれたので少し〔　　〕きた。
5 皆さんの〔　　〕、なんとか司会をつとめることができました。

> a 力を借りる　b 力がある　c 力を抜く　d 力を尽くす
> e 力が湧く

3 次の各文の〔　〕に□から適当なものを選び、必要なら形を変えて入れなさい。
1 友人の励ましの言葉を〔　　〕、困難な時を乗り越えることができた。
2 A国は近代化のために教育に〔　　〕いる。
3 学生時代はテニスの選手だったが、最近ほとんど練習していないので、

すっかり〔　　〕しまった。
4　経営者たちは懸命にがんばったが、〔　　〕会社は倒産した。
5　一人一人の力は微力でも、みんなで〔　　〕と大きな仕事ができる。
6　大事な試合のときに十分に〔　　〕ためには、普段から練習を重ねることが大切だ。

```
a 力を合わせる   b 力とする   c 力が落ちる   d 力を注ぐ
e 力が尽きる     f 力を発揮する
```

4　次の各文の（　）には適当な助詞を入れ、〔　　〕には□から適当なものを選んで入れなさい。
1　A国は経済の不振、政治の不安定、財政の赤字など多くの問題を抱えて〔　　〕（　　）瀕している。
2　モデルの仕事をしているので、常に流行の〔　　〕（　　）走っていなければならず大変だ。
3　この地方はたびたび大地震の〔　　〕（　　）被っている。
4　このドラマは、主人公がいろいろな〔　　〕（　　）直面してはそれを解決して成長していく物語だ。
5　著名な指揮者のA氏は、晩年若い人たちの音楽教育に〔　　〕（　　）注いだ。

```
a 情熱   b 先端   c 危機   d 困難   e 被害
```

5　次の各文の（　）には適当な助詞を入れ、〔　　〕には□から適当なものを選び、必要なら形を変えて入れなさい。
1　各国の協力により世界規模の経済危機（　　）〔　　〕られた。
2　花が枯れそうだから、花びんに水（　　）〔　　〕ください。
3　人は危機（　　）〔　　〕初めて、自分の無力を知るものだ。
4　昔、A川が洪水を起こした時には、流域の7市町村に被害（　　）〔　　〕そうだ。

5　B国は環境保護政策では世界の先端（　）〔　〕いる。

> a 及ぶ　　b 注ぐ　　c 乗り越える　　d 遭遇する　　e 立つ

6　次の各文の（　）には適当な助詞を入れ、〔　〕にはA群、B群の□□から適当なものを選び、必要なら形を変えて入れなさい。同じものを二度使ってもよい。

1　群集の抗議に対する政府の対処法が不適切だったため、さらに抗議が拡大し〔　〕（　）〔　〕ことになってしまった。
2　大切な試合の時に自分の持っている〔　〕（　）〔　〕ためには、普段から十分な練習が必要だ。
3　この作品は作家が〔　〕（　）〔　〕書き上げた大作だ。
4　友人が職を探しているので〔　〕（　）〔　〕あげたいが、この不況ではなかなか難しい。
5　学問の世界に限らず、どんな分野でも常に〔　〕（　）〔　〕のは大変なことだ。

> A群　a 先端　　b 力　　c 心血　　d 火に油
>
> B群　e 出す　　f 注ぐ　　g なる　　h 行く

ユニット5　第2課
欧州に夢求めて
——おうしゅうにゆめもとめて——

下の文章は次のページの記事を簡単に書き換えたものです。

> 西英樹さんがフランス料理の勉強のためにフランスへ行って二年が過ぎた。実家は小さな日本料理店なのだ、昔父親と店の将来のことについてケンカした。(1)強い言葉で言い過ぎたのだが「フランス料理の店にしたい」と西さんが言ったため父親が怒り、(2)親子の関係を絶たれてしまった。それでパリに行き料理学校で勉強したが、和食の経験があったためか順調にすべての試験に合格し、有名なレストラン「タイユバン」のコックになった。そこでは毎朝7時半から台所に出て仕事をした。アスパラガスの皮をむくような単純な仕事もちゃんとできなければ、もっと上のレベルの仕事に(3)誘われることはないからだ。が、思いがけず(4)変化の機会が来た。魚料理を担当するシェフがケガで休んだため、西さんがその代わりをすることになったのだ。その後、昨年12月に開店したばかりのホテルのレストランに職場を変えた。これまではすべて順調に来たが、フランス料理の(5)もっとも本質的なことを理解するには、これからもきびしい修業をしなければならないことを西さんは覚悟している。

この文章の下線部の意味に近い表現になるように、□の中の言葉を使って言い換えてみましょう。

(1) 強い言葉で言いすぎる　　→　　口が〔　〕
(2) 親子の関係を絶つ　　　　→　　勘当を〔　〕
(3) 誘われる　　　　　　　　→　　声が〔　〕
(4) 変化の機会が来る　　　　→　　転機が〔　〕
(5) もっとも本質的なことを理解する　→　神髄を〔　〕

| a 言い渡す | b 究める | c 訪れる | d かかる | e 過ぎる |

解答　　(1) e　　(2) a　　(3) d　　(4) c　　(5) b

欧州に夢求めて——家飛び出し仏で料理修業

　西英樹さん(26)が修業の場を「和食」から「フランス料理」に求めて単身、パリに渡って、この春で二年が過ぎた。

　三重県松坂市の実家は小さな日本料理店。高校卒業後、父親のもとで修業していたが、1998年春、店の将来構想を巡って父親と衝突した。**口が過ぎた**のだが、「フランス料理の店にしてやる」との一言に、激怒した父親から**勘当を言い渡された**ため、家を飛び出した。ただ、パリを目指したのは、その場の勢いに過ぎなかったという。

　和食の経験が生きてか、初挑戦のフランス料理も苦にならなかった。振り出しとなった料理学校「コルドン・ブルー」では、すべて試験に一発合格し、初級コースから上級コースへと順調にランクアップ。一年後の99年3月にはパリ市内のレストランを紹介してもらえることになった。実家の料理店の名前は「たいやん」。そこで選んだのが有名な三つ星レストランである「タイユバン」だった。

　タイユバンでは、朝7時半から**厨房に立ち**、4百本近いアスパラガスの皮をむくという毎日が続いた。単純な作業とはいえ、一人前と認められなければ、次の仕事の**声は掛かってこない**。

　しかし、思いがけず、**転機は訪れる**。魚料理を担当するシェフがケガで休養。人手が足りなくなったため、西さんがピンチヒッターとして指名されたのだ。

　西さんはタイユバンの総料理長とともに、昨年12月、オープンしたばかりのホテルのレストランに職場を変えた。

　確かに西さんの修業はここまで順風満帆だった。だが、フランス料理の**神髄を究める**には、これから険しく、長い道が待っていることを覚悟している。

（日本経済新聞　2000.6.15.）

●●●ことばの意味●●●

修業 training　　単身 by oneself　　実家 one's parental home　　構想 plan　　衝突する to collide　　激怒する to become furious　　勘当を言い渡す to disinheret　　目指す to aim at　　勢い force　　初挑戦 the first try　　苦にならない

easily done　振り出し the beginning　コルドン・ブルー the name of a famous cooking school in France　一発合格する to pass an examination on the first try　順調に without any trouble　ランクアップ to go up a rank　三つ星レストラン a highly ranked restaurant　タイユバン the name of a very famous restaurant in France　厨房 kitchen　アスパラガス asparagus　思いがけず unexpectedly　転機 a turning point　人手が足りない to be short of hands　ピンチヒッター pinch hitter　総料理長 chef　順風満帆 without any trouble　神髄を究める to master thoroughly　険しい steep　覚悟している to be fully prepared

●●●ことば●●●

1 口が過ぎる〈慣用〉：強い言葉で言いすぎる
・悪気はなかったのだがついつい口が過ぎて失礼なことを言ってしまった。
・あの人はどうもいつも口が過ぎる。自分の意見を言うにしても、あんな言い方をすると喧嘩になってしまう。

2 勘当を言い渡される：子どもが親に失敗や悪事の罰として関係を絶たれる⇔勘当を言い渡す
・父親は仕事をしないで遊んでいるだけの息子に勘当を言い渡した。
・たとえ親に勘当を言い渡されても、自分の夢を実現するために、自分が本当にしたいことをした方がいい。

| 言い渡す |

⇒判決を言い渡す／命令を〜／最後通告を〜／（委員会などの）決定を〜
・裁判所は被告に死刑の判決を言い渡した。
・上官は兵士に敵を見つけ次第攻撃せよという命令を言い渡した。
・A社はB社に対して、契約を破棄するという最後通告を言い渡した。
・党役員会は不祥事を起こした党員に、「除名」という役員会の決定を言い渡した。

3 **厨房に立つ**＊：台所で料理を作る仕事をする

＊普通の家庭でのことについて言う時は「台所に立つ」と言う。

|立つ1| p.4参照

4 **声が掛かる**＊〈慣用〉：呼びかけられたり、誘われたりする

＊対応する他動詞形は「声を掛ける」

・「ごめんください」と外から声が掛かったので玄関に出てみると、近所の子供が緊張した顔をして立っていた。
・友だちから夏休みにいっしょに中国旅行に行こうと声が掛かった。

|声|

❖ 音声的な声に関する表現

⇒ **声が届く**（声が伝わり、聞こえる）／**～を荒げる**（強い言葉で怒りを表す）／**～がとがる**（強い声と言葉になる）

・風邪を引いていて大きい声が出せないので、教室の後ろまで声が届かない。
・私の上司はたいへん温厚な方で、これまで一度も声を荒げたところを見たことがない。
・相手のあまりに身勝手な言い分に思わず声をとがらせてしまった。

声が通る〈慣用〉：声が遠くにまで伝わる

・あの人の声はよく通るので隣の部屋で話していても聞こえる。

声を殺す〈慣用〉：声を出さないようにする

・昔は、嫁は姑にどんなに無理なことを言われても言い返すことは許されず、声を殺して泣く以外なかったそうだ。

声を張り上げる〈慣用〉：大きい声を出す

・スーパーの店先で販売員が声を張り上げて安売り商品の紹介をしている。

声を振り絞る〈慣用〉：出せる限りの声を出す

・選挙演説でA候補者は声を振り絞って自分への投票を呼びかけた。

❖ 意見を表明することを表す表現

⇒ **声が届く**（意見が伝わる）／**～を届ける**／**～にする**（言葉や意見を言う）／**～になる**（意見として現れる）

・大きな組織になればなるほど、一般職員の声は上層部に届かない。

- 市長のやり方に対して不満を持っている市民が協力しあえば、必ず大きな声になって市政に反映されるのではないか。

  声をあげる＊〈慣用〉：意見を公のものにする
  　＊対応する自動詞形は「声があがる」
- ワンマン社長の不当な決定に対して、社員は誰も声をあげない。

  かかる1　p.65参照

5　**転機が訪れる**：それまでと変わった状態になるきっかけが来る
- 長年営業職にいたAさんに転機が訪れたのは、会社が海外進出をすることにし、彼女を海外担当に抜擢した時だ。
- Bさんは職場での今回の異動を快く思っていないらしいが、むしろ新しい仕事への転機が訪れたのだと考えるべきだ。

  転機

  ⇒転機に立つ／～にある／～をなす／～を迎える／～とする
- 日本の大学は現在大きな転機に立っていると言われている。
- A社は、現在、地方の地元企業から全国規模の企業へと変わる転機にある。
- 明治維新は日本の近代史上最大の転機をなした事件である。
- 入社3年目で退職し留学することにした。転機を迎えたわけだ。
- アジア・アフリカ諸国は、第二次世界大戦の終結を転機として、列強による植民地支配から解放されることになった。

6　**神髄を究める**：学問、芸術や武道などで、最も本質的な部分を理解する
- 最近出版された研究書は日本文学の神髄を究めたものである。
- あの人は何度も挫折しながら、厳しい修業に耐えて剣道の神髄を究め、最高位に就いた。

●●●練習問題●●●

1 左と右とを結びなさい。
1 厨房に　　　a 言い渡す
2 声が　　　　b 訪れる
3 転機が　　　c 過ぎる
4 勘当を　　　d 立つ
5 口が　　　　e 掛かる
6 神髄を　　　f 究める

2 次のそれぞれの（　）には適当な助詞を入れ、〔　〕には右の意味に近くなるように □ から適当なものを選んで入れなさい。

1 声（　）〔　〕　　　　　　（意見を皆に知らせる）
2 転機（　）〔　〕　　　　　（状態が変わる時が来る）
3 神髄（　）〔　〕　　　　　（一番本質的なことを理解する）
4 声（　）〔　〕　　　　　　（意見として現れない）
5 委員会の決定（　）〔　〕　（決めたことを相手に告げる）
6 口（　）〔　〕　　　　　　（強い言葉で言いすぎる）

> a 迎える　b 過ぎる　c 言い渡す　d 究める　e 挙げる
> f ならない

3 次の各文の〔　〕に □ から適当なものを選んで入れなさい。
1 かつてのアイドル歌手も30代になり、新たな方向を探る〔　〕にあるようだ。
2 王様は家来に世界で一番大きいダイヤを探せという〔　〕を言い渡した。
3 親しい友達だと思ってつい言いたいことを言ってしまったが、少々〔　〕が過ぎたかもしれない。
4 茶道や生け花はだれでも出来るように見えるが、その〔　〕を究めるためには長年の修業が欠かせない。

5　昔は両親の気に入らない人と結婚して、親に〔　　〕を言い渡される などということがよくあった。

a　神髄　　b　転機　　c　勘当　　d　口　　e　命令

④　次の各文の〔　　〕に□から適当なものを選び、必要なら形を変えて入れなさい。それぞれの語は一度しか使えない。

1　先生が「もっと大きい声で」と言うと、子供たちはいちだんと声を〔　　〕歌った。
2　会社の決定にみんな不満を持ちながら、だれからも声が〔　　〕ない。
3　久しぶりに学生時代の友人が集まることになった。恩師にも声を〔　　〕つもりだ。
4　母親は言うことを聞かない子供に対して思わず声を〔　　〕。
5　妻を亡くした夫は人前では笑顔でいても、一人になると声を〔　　〕泣いている。

a　掛ける　　b　殺す　　c　張り上げる　　d　挙がる　　e　荒げる

⑤　次の文章の〔　　〕に□から適当なものを選び、必要なら形を変えて入れなさい。

　Aさんは剣道が好きで毎日練習に励んでいたが、仕事もしないで剣道ばかりしていたためたびたび父親にしかられるようになった。そして、父親に言い返すAさんの〔①〕ためだが、ついに〔②〕。しかし、気の強いAさんは、「これで〔③〕」と言って新しい生活を始めた。ところがその後、家族からはもちろん、友人たちからも〔④〕なくなり、さすがのAさんも最近は少々元気がない。

a　口が過ぎる　　b　転機が訪れる　　c　声が掛かる
d　勘当を言い渡される

(p.152の続き)

●●● 語彙情報 3 ●●●

意志性のない他動詞を持つ連語 (3)

(4)望ましくない行為を表すもの

下の◯◯◯の中の例を見てください。これらの連語を構成する動詞、例えば「落とす、滑らす、買う」は意志的行為を表します。しかし「命」や「口」などの他の語と組み合わさって連語となると、意志性がなくなります。例えば「買う」という動詞だけをとりあげると、意志的行為ですから意向形にすることができ、「新しい車を買おう」のように言うことができます。ところが「顰蹙を買う」という連語になると、連語全体の意味が意志性を持たないため、「顰蹙を買おう」という意向形にはなりません。

このような連語の多くは「ある人がしようと思ってする動作ではなく結果としてそうなった」という望ましくない事柄を表します。

言い換えれば、意向形があるかどうかということは、その語句の表す行為が、望ましいものであるかどうかということの尺度でもあるわけです。

> 命を落とす　腕を落とす　口を滑らす　信用を失う　顰蹙を買う

①あの投手の投げる球に昔のようなスピードがない。腕を落としたものだね。
　(=下手になった)

②口を滑らせたために秘密がばれた。
　(=うっかりしゃべった)

③社員は緊張のあまり失敗を重ね、上役の信用を失ってしまった。
　(=上役に信頼されなくなった)

④彼の失礼な行動が回りの人々の顰蹙を買った。
　(=人々から嫌がられた)

ユニット5　第3課

禁煙
――きんえん――

下の文章は次のページの記事を簡単に書き換えたものです。

> 酒やたばこなどの嗜好品をやめるのは難しく、やめようと思ってもなかなかやめられない。(1)ついの飲んだり、吸ったりしてしまう。そこで、人々は酒を飲むためにあるいはたばこを吸うために様々な(2)言い訳を苦労して考え出す。そういう人たちが「お酒は何よりも素晴らしい薬だ」とか「たばこにもいい点あり」などと悪いと分かっているのに反抗的に言うのも昔から変わらない。酒はともかくとして、たばこは他の人の体にも、そして地球環境にまで(3)害を与えるので(4)世間からの非難は強い。そのような中で、最近、病院に通って禁煙をするための診療を受ける「禁煙外来」が増えつつある。今までのような、我慢が必要な苦しい禁煙法ではなく、医学的な考え方からの療法だ。またパソコンで受診する「禁煙マラソン」療法というものまで登場している。突然禁煙をして、周りの人々から(5)誉められたい人に適した方法であろう。

この文章の下線部の意味に近い表現になるように □ の中の言葉を使って言い換えてみましょう。

(1) つい飲んだり、吸ったりしてしまう　→　手が　〔　〕
(2) 言い訳を苦労して考え出す　→　言い訳を　〔　〕
(3) 害を与える　→　害を　〔　〕
(4) 世間からの非難が強い　→　世間の　〔　〕
(5) 人々から誉められる　→　喝采を　〔　〕

| a 出る　b 浴びる　c 風当たりが強い　d 及ぼす　e ひねり出す |

解答　(1) a　(2) e　(3) d　(4) c　(5) b

禁煙(きんえん)

　酒やたばこなどの嗜好品*¹をやめるのはなかなか難しい。「やめるぞ」と宣言したのについ手が出てしまい、同憂の士は古来さまざまな方便や言い訳をひねり出してきた。

　酒に関しては江戸時代、「表向き禁酒」という「禁酒法」があったそうだ。ザル法そのものだ。たばこでは「やめるのは簡単さ。何十何百回となく禁煙してきたんだから」とは現代でもよく耳にする言葉だ。「酒は百薬の長」「たばこにも一利あり」と開き直るのも、古今を通じての決まり文句だ。

　酒はともかく喫煙に対する風当たりが強い。他人にはもとより地球環境にも害を及ぼすというのだから仕方がない。そんな風潮の中禁煙を志す人のために病院に禁煙外来*²という診療科が増えている。従来よくあった難行苦行ではなく、医学的見地にたった指導法だという。その草分けの一人、奈良県大和高田市立病院内科医長、高橋裕子さんは一歩進んでインターネットを使った「禁煙マラソン」という療法で成果をあげている。パソコンで受診するのだから手軽だし匿名性も保証される。突然禁煙して家族や職場の喝采を浴びたい向きにはうってつけの方法かもしれない。

　　　　　　　　　　　　　　　　　　　　　　（毎日新聞　2000.5.28.）

*1 嗜好品：栄養を採るためではなく、そのものの味を楽しむための食べ物や飲み物のこと
*2 禁煙外来：禁煙を実行したい人が病院に通って診療を受けること

●●●ことばの意味●●●

禁煙 breaking one's habit of smoking　　嗜好品 luxuries (like alcohol and tobacco)　　同憂の士 person with the same anxiety　　古来 from ancient times　　方便 expediency　　言い訳 an excuse　　ひねり出す to figure out (an excuse)　　江戸時代 the Edo (Tokugawa) Period (1603A.D.～1867A.D.)　　表向き officially　　禁酒 temperance　　ザル法 a law full of loopholes　　開き直る to look grave　　古今 of all times　　決まり文句 platitude　　喫煙 smoking　　風潮 (the social) climate　　志す to intend to do　　外来 outpatient (service)　　診療科 medical branch　　従来 conventionally　　難行苦行 penance　　草分け pioneer　　マラソン marathon　　成果 result　　受診する to consult a doctor　　手軽な easy　　匿名 anonymity　　保証する to guarantee　　喝采 applause　　向き this type of person (someone with this tendency)　　うってつけ most suitable

●●●ことば●●●

1 手が出る*〈慣用〉：食べたり飲んだり自分のものにしたりしようとする
・ダイエット中なのにお菓子を見ると、つい手が出てしまう。
・酒好きのＡさんは風邪気味の時に「今日は飲むまい」と思っていてもやはりグラスに手が出てしまうそうだ。
　＊　対応する他動詞形は「手を出す」であるが、「積極的に関わる」という意味になる。

2 言い訳をひねり出す：言い訳を苦労して考え出す
・弟は母の大事にしていた花びんを割ってしまったが、母に怒られないような上手い言い訳をひねり出した。
・レポート提出が期日に間に合わなかった。懸命に何か言い訳をひねり出そうとしたが、無理だった

ひねり出す
⇒アイデアをひねり出す／知恵を〜／作品を〜／費用を〜／予算を〜／口実を〜
・大学祭の実行委員は、一ヶ月かかりやっと企画のアイデアをひねり出した。
・貧しい中を何とか費用をひねり出し、家族みんなで旅行することができた。
・Ａさんは上司に残業を断るうまい口実をひねり出そうと苦労している。

3 風当たりが強い：世間や他人から受ける非難が強い
・最近日本でも喫煙者への風当たりが強い。
・今回の決算で貿易黒字が大きくなった日本に対する世界の風当たりが強くなりそうだ。

風
§自然現象
⇒風がある（風が吹いている）／〜が出る（風が吹き始める）／〜が止む（風が吹かなくなる）／〜を切る（風に逆らって進む）／〜をはらむ（風を受けて膨らむ）

- 今日は風があるから、洗濯物がよく乾く。
- さっきまでいい天気だったが、急に空が暗くなり風も出てきた。
- 夕方になるとそれまで吹いていた風がぴたりと止んだ。
- 帆に風をはらんだヨットは風を切って海を気持ちよさそうに進んでいる。

§世の中の動き

（いい）風*が吹く（いい形勢になる）／〜を起こす

- IT業界は一時景気がよかったが、競争の激化によって今は苦しいようだ。いつになればまたいい風が吹いてくるのだろうか。
- 新進気鋭の染色家は伝統的な世界に新しい風を起こした。

*「いい風」「悪い風」「新しい風」など「風」を説明する言葉が必要である。

4 害を及ぼす*：害が広がる

*対応する自動詞形は「害が及ぶ」

- 急速な工業化は環境に様々な害を及ぼした。
- テレビゲームは子供たちに害を及ぼしているのではないか。

[害]

⇒害がある／〜になる／〜を与える／〜を受ける／〜が広がる

- ダイエット食品には害があるものもあるので気をつけた方がいい。
- たばこは体に害になるので、止めた方がいい。
- 農薬は人々に害を与えることが多いので、あまり使用しないことが望ましい。
- 異常発生した虫の害を受けたせいで、野菜が不作となり、農家は大きな被害を受けた。

[及ぼす]

⇒被害を及ぼす／影響を〜／力を〜／迷惑を〜／効果を〜

[及ぶ]⇒被害が及ぶ／影響が〜／力が〜／迷惑が〜／効果が〜

- ビートルズの作品は世界中の多くの若者に影響を及ぼした。
- 犯人はもはや、どこへ逃げても警察の力が及んでおり、逃げ切れないことが分かったので、あきらめて自首することにした。
- 私の仕事上のミスが同僚にまで迷惑を及ぼすことになってしまった。

・研究の結果、生徒に対する教師の適切な対応は、生徒の生活態度のみならず学力の向上にも効果が及ぶことが証明された。

5 喝采を浴びる：人々から誉められる
・彼の選挙演説は聴衆から喝采を浴び、彼は勝利を確信した。
・すばらしい演奏を終えたピアニストは会場から拍手喝采を浴びた。

浴びる　p.94参照

ちょっとひといき　絵心

「〜心」「〜心」という形で「〜」で表されることを経験、理解していることや、しみじみとした味わいなどを意味します。

遊び心（心の余裕があり、味わいがあること）／絵心（絵を描く能力や技術）／

お茶の心（茶道の一番大切な本質）／歌の心（歌や短歌の一番大切な本質）

たとえば次の例のように使います。

・美味しいだけではなく、料理にも遊び心があると一層楽しめる。
・Aさんの下宿はインテリアなど部屋の隅々にまで遊び心がいっぱいで、そこにいるだけで、和む。ただ生活の場である私の下宿とは大違いだ。
・始めたばかりなので、まだお茶の心を理解できていない。

特に「遊び心」の「遊び」はいわゆる「遊び」とは意味が違うので、「弟は一日中、ゲームで遊んでばかりいる遊び心がいっぱいの人間である」のような使い方はしません。

●●●練習問題●●●

1 左と右を結びなさい。

1　手が　　　　　　　a　出る
2　言い訳を　　　　　b　強い
3　風当たりが　　　　c　及ぼす
4　迷惑を　　　　　　d　及ぶ
5　喝采を　　　　　　e　ひねり出す
6　迷惑が　　　　　　f　浴びる

2 次の各文の（　）には適当な助詞を入れ、〔　〕には□□□から適当なものを選び、必要なら形を変えて入れなさい。それぞれの語を一度しか使えない。

1　演劇をやっている友人は芝居を見に来た人々から喝采（　）〔　　〕、満足げだった。
2　ピーナッツのような食べ物は、もうこれで終わりにしようと思っても、また手（　）〔　　〕しまうものだ。
3　その原子力発電所の事故は周辺の地域（　）大きな被害を〔　　〕。
4　A国による爆撃のために、この地域は大きな被害（　）〔　　〕。
5　他企業との合併は古い体質の我が社に新しい風（　）〔　　〕だろう。
6　いい方法がないか、みんなで何とかいい知恵（　）〔　　〕たい。
7　懸命に42.195キロの距離を走ったが、力（　）〔　　〕ず、目標の3位入賞はできなかった。
8　五月の節句の鯉のぼりが、青空の下、風（　）〔　　〕気持よさそうに泳いでいる。
9　坂道を自転車で風（　）〔　　〕、走った。
10　やせるためのダイエット食品などには体に害（　）〔　　〕ものもあるらしいから、気を付けたほうがいい。

| a 及ぼす | b 受ける | c 浴びる | d ひねり出す | e 出る |
| f 起こす | g はらむ | h 及ぶ | i なる | j 切る |

3 次の各文の{ }から正しいものを一つ選びなさい。
1 小説家でも作品のアイデアを{a 浮かび出す b つまみ出す c ひねり出す}のは大変だろう。
2 Aさんのせいで級友にまで、迷惑が{a 及んだ b 進んだ c 受けた}。
3 A氏がいくら有力政治家であるといっても警察にまでは力が{a 及ばず b 及ぼさず c 受けず}、息子は逮捕されてしまった。
4 私の友達は学園祭の芝居で、みんなの拍手喝采を{a 及ぼした b 浴びた c とった}のがきっかけで、プロの俳優を目指すことに決めた。
5 ファーストフードやインスタント食品は便利だが、いつもそればかりでは体に害を{a 与えない b 与える c 及ぶ}にちがいない。
6 スキーで斜面を風を{a 吹い b 吹かし c 切っ}て滑るのは気持がいい。
7 ある病気には効いても、体の他の部分に害が{a ある b ない c 持つ}ことを副作用と言う。
8 Bさんの頼みを断る口実を{a ひねり出す b ひねり出る c 結ぶ}のに苦労した。
9 大きなミスをしてしまってから、私に対する同僚の風当たりが{a 強い b 大きい c 広い}。
10 ドラマの暴力シーンが子供たちに影響を{a 及んで b 及ぼして c して}いるという意見もある。

4 次の会話の( )に[ ]から適当なものを選び、必要なら形を変えて入れなさい。
1 A：E子、未婚の母になることにしたんだってね。
　 B：うん。でも日本ではまだまだ世間の( )から、たいへんだよね。
　 A：頑張ってほしいよね。
2 A：あれ？ ダイエット中じゃなかったっけ。

B：うん。でもこれだけおいしそうな物が目の前に並んでいると、つい〔　〕の。

　　A：知らないわよ。また太っても。

3　A：ねえ、たばこ止められた？

　　B：体に〔　〕って、分かってるんだけど、どうしても口が寂しくて、やめられないんだ。

　　A：病気になっても知らないから。

4　A：選挙会場のBさん、選挙の結果はどうなりましたか。

　　B：はい、こちら選挙会場です。最後まで激しく争っていた両候補ですが、新人候補の〔　〕ず、現職候補の再選が決まりました。

5　A：新しい企画を実行するには、ちょっと資金不足なんですが……。

　　B：予算は僕が何とか〔　〕から、君たちは金のことは気にせずいい案を練ってくれ。

　　A：そうですか。では資金のことは、ぜひ、よろしくおねがいします。

---

a　害になる　　b　力が及ぶ　　c　ひねり出す
d　手が出る　　e　風当たりが強い

ユニット5　第4課

中年の印
——ちゅうねんのしるし——

下の文章は次のページの記事を簡単に書き換えたものです。

友人が絵に簡単な言葉をつけただけの絵手紙を始めた。手軽なので(1)そうしたいという気持になったようだ。私は、中年の友人の何か習い始めようという決意を聞いて、自分も友人に(2)実際以上によく見せたくなり、絵の隅に押す落款、つまり直筆を証明する印を作ってあげる約束をした。先生に頼み込んで、全て先生任せで印は完成した。大威張りで友人に渡したが、結局、印を作れると言ったことはうそで先生にすべて頼ってしまったことを打ち明けることになり、(3)本当の姿が分かってしまった。
　一方、その友人は絵が上達しないのか、馬鹿にされるのを(4)心配しているのか絵手紙は届かない。中年同士が(5)お互いに自分をよく見せようとしている。私の方も別の友人に、またできそうもないのに、印を作ってあげると自分をよく見せるために嘘をついてしまった。

この文章の下線部の意味に近い表現になるように、□の中の言葉を使って言い換えてみましょう。

(1) そうしたいという気持になる　　→　心が　　　〔　〕
(2) 実際以上によく見せようとする　→　格好を　　〔　〕
(3) 本当の姿が分かってしまう　　　→　化けの皮が〔　〕
(4) そればかり心配する　　　　　　→　気に　　　〔　〕
(5) 互いに自分をよく見せようとする→　見えを　　〔　〕

　a　張る　　b　つける　　c　はがれる　　d　する　　e　動く

解答　　(1) e　　(2) b　　(3) c　　(4) d　　(5) a

中年の印

「絵手紙*を始める」。友人が言った。静かなブームだし、手軽なので、**心が動いた**のだろう。絵心がありそうでもないが、絵の具も買ったという。

「それじゃあ」と、絵の隅に押す印、落款を作ってあげる約束をしてしまった。私にそんな技はない。中年の手習いの決意を聞き、つい、私も**格好をつけ**たくなってしまったのだ。

友人のてん刻の先生に泣きついた。名前の一文字「幸」を石に彫ることにしたが、字のデザインからして先生任せ。描いてもらった字に沿って、形だけだが一応は刀と呼ばれる鉄筆で彫った。それでも先生の大幅な手直しで、ほれぼれするような落款ができた。

得意満面で"自作"を手渡した。すると「辛」に見えると言う。しゃれたデザインのせいだが、辛と読まれてはこちらも辛い。先生から聞いたデザインのいわれを説明し、先生におんぶにだっこだったことも白状した。中年の見えはいっぺんに**化けの皮**がはがれてしまった。

友人は普通はがきに、落款をやたらと押しているらしい。しかし、絵手紙は届かない。上達しないので見えを**気にしている**に違いない。中年の**見えの張り合い**。実はその後、別の友人にも「落款を作ってあげようか」とつい口走ってしまった。見えは中年の印なんでしょうかねえ。

(毎日新聞　2000．4．28．)

＊絵手紙：絵に簡単な文を添えて書く手紙

●●●ことばの意味●●●

中年 middle age　　印 mark　　ブーム boom　　絵の具 paints　　印 seal　　落款 sign and seal　　技 skill　　手習い learning　　てん刻 seal engraving　　泣きつく to beg　　彫る to engrave　　デザイン design　　先生任せ left it to the teacher　　鉄筆 stylus　　大幅な considerable　　手直し modification　　ほれぼれするような charming　　得意満面で with one's face beaming with pride　　自作 one's own work　　しゃれた tasteful　　いわれ reason　　おんぶにだっこ totally depending (on)　　白状する to confess　　見え vanity　　やたらと indiscriminately　　口走る to let (something) slip out

●●●ことば●●●

1 **心が動く**＊：そうしたいという気持になる
- 初めは参加する気はなかったが、Aさんの話を聞いて心が動き、大会に参加することにした。
- 宝石店の店員からきれいな指輪を見せられ少々心が動いたが、値札を見たら大変高価だったので、買うのはやめた。

＊他動詞形「心を動かす」は「感動させる」の意味になる。
- Aの小説は多くの人の心を動かし、ベストセラーとなった。

|心|

❖感情や気持の持ち方や状態を表す表現

心が痛む＊〈慣用〉：悲しく思う
＊対応する他動詞形は「心を痛める」
- 内戦のために故郷を追われ難民となった人々の話に心が痛んだ

心が弾む〈慣用〉：楽しい気分になる
- 久しぶりに仲良しの友だちと会っておしゃべりできると思うと心が弾む。

心が和む〈慣用〉：穏やかな気持になる
- 緑の田んぼと黄色い花畑が広がるこの辺りの風景に接して心が和んだ。

心が騒ぐ〈慣用〉：心配ごとなどがあり、落ち着かない
- 低気圧が近づき海山は大荒れとの天気予報に、雪山に登っている恋人を思って心が騒いだ。

心にしみる〈慣用〉：感動させられる
- 心にしみるバイオリンの演奏を聞いているうちに思わず涙が出てきた。

❖他の人々に対する態度や関係を表す表現

心を開く〈慣用〉：思っていることを率直に話す
- カウンセラーは相談者が心を開いて話せるような雰囲気を作る必要がある。

心を閉ざす〈慣用〉：人と交わらない
- Aさんは親友に裏切られて以来、心を閉ざして誰とも話さなくなった。

心を込める＊〈慣用〉：相手を思う気持を含める
＊対応する自動詞形は「心がこもる」

・母の誕生日に、心を込めて編んだセーターをプレゼントした。

心を許す〈慣用〉：人を信頼する

・世の中には悪い人もいるのだから、誰にでも簡単に心を許さない方がいい。

心を尽くす*〈慣用〉：誠実に一生懸命する

・「心を尽くしてお世話をする」が、この老人ホームの職員の合い言葉だ。

＊「心尽くし」という表現がある。

・老人たちはホームの人たちが作った心尽くしのお弁当をうれしそうに味わった。

心が通う〈慣用〉：互いの気持が伝わり合う

・十分に言葉が通じない外国人どうしでも心が通うことがある。

心を鬼にする*〈慣用〉：相手のためを思ってわざと冷たい態度をとる

・親は子供がかわいいからこそ、心を鬼にして厳しいことを言うのだ。

＊たいてい「心を鬼にして〜する」と言う。

心をつかむ〈慣用〉：人の関心を引きつける

・あのセールスマンは客の心をつかむ才能を持っているようだ。

❖ **意識や意志に関わる表現**

⇒**心に描く**（夢に見たり想像したりする）／**〜が変わる**（考えが変わる）

・今の私は10年前に心に描いていた将来像と全く違う生活をしている。

・いくら法律で規制しても人々の心が変わらないかぎり差別はなくならない。

心に残る〈慣用〉：忘れられない

・結婚式の時に親友がしてくれた素晴らしいスピーチは今も心に残っている。

心にとめる〈慣用〉：覚えておく

・留学する際の父の注意を深く心にとめ、日本で頑張りたいと思う。

心を入れ替える〈慣用〉：それまでの悪い態度や行動を改める

・遊び友達と夜遅くまで遊んでばかりいた息子が、母親の入院をきっかけに心を入れ替えて、まじめに勉強するようになった。

❖ **人格を表す表現**

⇒**心が広い**（人を許し全てを受け入れる）／**〜が狭い**（自分と違うものを受けいれない）／**〜が大きい**（小さなことを気にしない）／**〜を磨く**（精神的に成長するように努力する）

- A国には敵国の子供を引き取って育てた人が大勢いるそうだ。過ちを許し人道的な立場からものを見る心の広い人々に感動した。
- 芸術の道を進むのなら、技術的なことはもちろんだが、心を磨くことも大切だ。

2 **格好をつける**：実際の姿や力以上によく見せようとする
- 格好をつけて友だちに「この間貸してあげたお金は返さなくていい」と言ったが本当は返してもらいたい。
- 彼は素直に気持を表現することがなく、いつも格好をつけている。

|格好|

§スタイル

⇒**格好がいい***1（形がいい）／**〜が悪い**（形が悪い）／**〜をする***2（服装）
- 格好がいいので気に入っていた壷をうっかり落として割ってしまった。
- そんな恥ずかしい格好をしてパーティーに行ったら、みんなに笑われてしまうよ。

　*1 人のスタイルや顔など全体的な印象を言う時は「かっこいい、かっこ悪い」と言う。
- A子は顔やスタイルで人を評価するから、かっこいい男としか付き合わないよ。

　*2 この用法の場合、格好を説明する言葉が必要。
- 兄はもう社会人なのに、いつまでも学生のような格好をしている。

§体裁

⇒**格好がいい**（体裁がいい）／**〜が悪い**（体裁が悪い）／**〜がつく**（体裁が保てる）
- プレゼントをする時は、きれいな紙で包みリボンをつけると、どんなものでも格好がよくなる。
- 父は釣りに行っても一匹も釣れなかった日は、格好が悪いらしく、魚屋で魚を買って帰って来る。
- いつも妹に負けてばかりいたら、兄として格好がつかない。

つける4

§ 要求する

⇒ けちをつける（文句を言う）／注文を〜（要求する）／クレームを〜（非難したり文句を言ったりする）／条件〜（条件を出す）

つく4 ⇒ けちがつく／注文が〜／クレームが〜／条件が〜

・うちの課長は人の意見に素直に賛成せず、いつも必ずけちをつける。
・新しい事業計画には社内の各部署からさまざまな注文がついた。
・A社から納品された製品は欠陥商品だったので、すぐにA社にクレームをつけた。
・母はある条件をつけて、兄の結婚を許した。

§ 何かを始める

⇒ 口をつける：（少し食べたり飲んだりする）

・Aさんはワインに少し口をつけただけで、何も食べようとしなかった。

手をつける〈慣用〉：何かを始める

・全てはできないかもしれないが、とりあえず急ぎの仕事から手をつけよう。

箸をつける〈慣用〉：食べ始める、または少し食べる

・お客さんと食事をする時は、相手が箸をつけるのを待って食べ始めるのがマナーだ。

§ 書き込む

⇒ 日記をつける（日記を書く）／家計簿を〜（家のお金の収支を記録する）／記録を〜（記録を書いておく）

・留学生のAさんは日本に来てから、毎日日記をつけている。
・母は毎日きちんと、使ったお金を家計簿につけている。
・母子手帳に赤ちゃんの成長の記録をつけて、定期検診の時に持って行く。

§ あとを追う

⇒ あとをつける（その人に見つからないように後ろからついていく）

・駅から変な男にずっとあとをつけられ、とても気持が悪かった。

つく1 つける1 p.13参照
つく2 つける2 p.57参照
つく3 p.145参照

3 化けの皮がはがれる*〈慣用〉：隠していた本当の姿が分かってしまう
　＊対応する他動詞形は「化けの皮をはぐ」
- A夫は学歴を偽ってエリートだと言っていたが、化けの皮がはがれてから、二度と連絡はしてこなかった。
- B子はいつも優等生ぶっているが、本当は先生の見ていない所でいろいろな悪いことをやっている。いつか化けの皮をはいでやるつもりだ。

4 気にする〈慣用〉：そればかり心配する
- 弟はきのうの試合でのミスを気にして、一晩中眠れなかったらしい。
- 電車の中で人目も気にしないで化粧する女性を見かけるようになった。

5 見えを張る〈慣用〉：互いに自分をよく見せようとする
- あの人とは学生時代からのライバルで、今も会うとお互いについ見えの張り合いをしてしまう。
- 恋人の前で、料理が得意だなんて見えを張ってしまったが、本当は大の苦手である。

張る
⇒ 意地を張る（強がる）／体を〜（ある目的のために、一生けん命行動する）／胸を〜（堂々とする）
- 好きなら意地を張ってないで彼に謝って仲直りすればいいのに。
- 警官は体を張って、犯人から人質を守った。
- あなたは何も悪くないんだから、胸を張っていればよい。

●●●練習問題●●●

1 左と右を結びなさい。同じものを二度使ってもよい。
1　心を　　　　　　a　張る
2　心が　　　　　　b　つける
3　日記を　　　　　c　許す
4　見えを　　　　　d　込める
5　箸を　　　　　　e　こもる

2 次の各文の｛　｝から正しいものを一つ選びなさい。
1　半額セールと言う言葉につい心が｛a 浮いて　b 動いて　c 決めて｝しまい、ブランドのバッグを買ってしまった。
2　この問題がいつまでも解決しないのは、あの二人が｛a 意地　b 胸　c 体｝の張り合いをしているからだ。
3　人の失敗や過ちを全て許せるような心の｛a 狭い　b 熱い　c 広い｝人になりたい。
4　新製品は会議で社長からクレームが｛a ついた　b はいた　c つけた｝ので、発売が延期されることになった。
5　うちの庭の松の木はとても格好が｛a 多い　b つく　c いい｝ので私は大変気に入っている。
6　A子はその事件以後、心を｛a 開いて　b 閉じて　c 入れて｝しまい、誰にも本心を話さなくなった。
7　学校側は条件を｛a 持って　b つけて　c ついて｝、A夫の入学を許可することにした。

3 次の各文の〔　〕に□□から適当なものを選び、必要なら形を変えて入れなさい。
1　監督は選手たちに勝利の喜びを味わわせたいために、〔　　〕、厳しい練習をさせている。
2　初めての外国旅行は〔　　〕いたとおりの楽しいものだった。

3 この土地の人々は外から来た人に対する警戒心が強いが、仲良くなって〔　〕とまるで家族のように接してくれる。
4 母は私のすることにいちいち〔　〕ので、うるさくてしかたがない。
5 以前は目上の人が〔　〕あとでなければ、他の人たちは食べ始めないという作法があった。

| a 箸をつける | b 文句をつける | c 心を鬼にする |
| d 心に描く | e 心を許す | |

4 次の各語句の使い方が正しくない文を選びなさい。
1 気にする
　a A子はあの先生から言われたことをずいぶん気にしている。
　b 初めて会った時からB夫のことが気にしてならない。
　c Cさんはさっきから時間ばかり気にして落ちつかない。
　d Dさんは外見ばかり気にして、中身を磨こうとしない。
2 心を動かす
　a 戦争の悲惨さを歌ったその歌手の歌が人々の心を動かし、反戦運動が広まった。
　b 何でも懸命にやっている姿は人々の心を動かす。
　c ボランティア達の熱心に働く姿に心を動かされ、私もその活動に参加することにした。
　d Cさんは緊張していたので、心を動かしていた。
3 けちをつける
　a 母は父のすることに何でもけちをつけるので、父は家にいる時はいつも不機嫌である。
　b Aさんは長く付き合ってきたBさんと、結婚するか別れるかはっきりとけちをつけることにした。
　c C子はD夫のすることにいちいちけちをつけるので、とうとうけんかになってしまった。
　d 私たちがさっきから料理にけちばかりつけていたので、それが聞こ

えたらしく、お店の人が怖い顔をしてこちらを見た。

4 格好が悪い

a いくら安くても曲がっていて格好が悪いきゅうりは買う人が少ないので、農家の人は苦労して真っすぐなものを作る。

b 弟に勉強を教えてもらっているなんて、兄として格好が悪くて、誰にも言えない。

c 一生懸命頑張ることは決して格好が悪い事ではないのに、最近の若い人たちは、一生懸命頑張る人を馬鹿にする傾向があるようだ。

d 姉はスタイルはとてもいいが、声は格好が悪い。

●●●ユニット5　まとめの問題●●●

1　次の各語のグループに共通に使われるものを□から選びなさい。

1　言い訳を～　アイディアを～　作品を～　費用を～　〔　〕
2　情熱を～　愛情を～　心血を～　目を～　〔　〕
3　判決を～　勘当を～　決定を～　命令を～　〔　〕
4　けちを～　あとを～　日記を～　格好を～　〔　〕
5　効果を～　力を～　迷惑を～　被害を～　〔　〕
6　見えを～　意地を～　胸を～　体を～　〔　〕
7　気に～　転機と～　力と～　心を鬼に～　〔　〕
8　困難に～　問題に～　課題に～　死に～　〔　〕

```
a  注ぐ         b  つける    c  直面する   d  及ぼす
e  ひねり出す   f  張る      g  する       h  言い渡す
```

2　（　）に適当な助詞を入れなさい。

1　目（　）細める
2　肩（　）寄せ合う
3　力（　）湧く
4　心（　）打つ
5　口（　）過ぎる
6　転機（　）立つ
7　手（　）つける
8　風当たり（　）強い
9　喝采（　）浴びる
10　危機（　）瀕する
11　心（　）とめる
12　力（　）なる

3 左と右を結びなさい。それぞれの語は一度しか使えない。

1　心が　　　　　　　a　こもる
2　口を　　　　　　　b　乗り越える
3　風を　　　　　　　c　出る
4　心を　　　　　　　d　痛める
5　力が　　　　　　　e　とめる
6　格好が　　　　　　f　貸す
7　心に　　　　　　　g　つける
8　力を　　　　　　　h　切る
9　害を　　　　　　　i　受ける
10　危機を　　　　　　j　つく

4 次の各文の（　）に入る表現を問3から選び、必要なら形を変えて入れなさい。

1　私はこのスープは好きじゃないしまだ〔　〕いないから、誰か飲んでくれませんか。
2　青空の下、〔　〕草原を馬で走りまわるのは最高に楽しい。
3　留学生の出身国で反政府暴動が起こったと聞いて、教師たちは〔　〕いる。
4　子供たちは毎年母の日にささやかながら〔　〕プレゼントをくれるのでうれしい。
5　電車に老婦人が乗って来たので席を譲ろうとしたが、その人は「結構です」と言ったまま座ろうとしない。立ち上がった私は〔　〕ず、困ってしまった。
6　この会社は何度も倒産しそうになったが、取引先の支援のお蔭で〔　〕ことができた。

5 次のそれぞれの（　）に右の（　）の意味に近くなるように▢▢▢から適当なものを選んで入れなさい。

1　心を〔　〕　　　　（相手のためを思って冷たくする）

2　心を〔　　〕　　（人と交わらない）
3　心を〔　　〕　　（人を信頼する）
4　心を〔　　〕　　（精神的に成長するよう努力する）
5　心を〔　　〕　　（相手を思う気持を含める）
6　心に〔　　〕　　（忘れられない）
7　心に〔　　〕　　（感動する）
8　心が〔　　〕　　（人を許し、全てを受け入れる）
9　心が〔　　〕　　（心配ごとがあり落ち着かない）
10　心が〔　　〕　　（興味を持つ）

```
a 騒ぐ    b 許す    c 残る    d しみる   e 動く
f 鬼にする g 閉ざす  h 磨く    i 広い     j 込める
```

6　次のそれぞれの（　）に右の（　）の意味に近くなるように［　］から適当なものを選んで入れなさい。それぞれ一度しか使えない。

1　力が〔　　〕　　（能力の限界になる）
2　力が〔　　〕　　（元気になる）
3　力が〔　　〕　　（上達する）
4　力を〔　　〕　　（持っている能力を出して使う）
5　力を〔　　〕　　（がっかりする）
6　力を〔　　〕　　（協力しあう）
7　力を〔　　〕　　（いろいろな方法で努力する）
8　力を〔　　〕　　（助けてもらう）
9　力に〔　　〕　　（助ける）
10　力と〔　　〕　　（頼りとする）

```
a 上がる   b 発揮する  c なる     d する     e 尽くす
f 湧く     g 借りる    h 合わせる  i 尽きる   j 落とす
```

7 次のそれぞれの（　）に右の（　）の意味に近くなるように▭から適当なものを選んで入れなさい。

1　声が〔　　〕　　　　（声が伝わり聞こえる）
2　声が〔　　〕　　　　（誘われる）
3　声を〔　　〕　　　　（出せる限りの声を出す）
4　声を〔　　〕　　　　（声を出さないようにする）
5　声を〔　　〕　　　　（強い言葉で言う）
6　声を〔　　〕　　　　（意見を公にする）
7　声を〔　　〕　　　　（大きい声を出す）
8　声に〔　　〕　　　　（言葉や意見を言う）

| a 殺す | b 張り上げる | c 挙げる | d とがらせる |
| e する | f 届く | g 掛かる | h 振り絞る |

8 次の各文の（　）に▭から適当なものを選び、必要なら形を変えて入れなさい。

1　若い人にとっては常に流行の〔　　〕ことはとても大切らしい。
2　今度の選挙では市民運動出身の女性たちが議会に新しい〔　　〕そうと頑張っている。
3　あの著名なシェフも、若いころは毎朝6時から〔　　〕料理の修業をしたそうだ。
4　友だちみんなが夏休みには海外旅行をするというので、つい〔　　〕「私もハワイに行く予定だ」などと言ってしまった。
5　若い従業員たちから親しみを込めて「おやじ」と呼ばれている社長は、そう呼ばれるとうれしそうに〔　　〕。
6　無責任なことを言いふらす同僚のせいで、私まで〔　　〕いる。

| a 見えを張る | b 厨房に立つ | c 目を細める |
| d 被害を被る | e 先端を行く | f 風を起こす |

●●● 総合問題 ●●●

1 次の文章の〔　〕に □ から適当なものを選び、必要なら形を変えて入れなさい。それぞれの語は一度しか使えない。

1 「博物館」

　この博物館には、昔この地方の藩主*が作らせた工芸品の数々が納められている。中でも人々の目を〔 ① 〕のは人形である。腕の〔 ② 〕職人が藩主の細かい注文に〔 ③ 〕、5年という歳月と手間を〔 ④ 〕作ったという。本物の人間と区別が〔 ⑤ 〕ほどの出来栄えである。まるで生きているかのように頬が赤みを〔 ⑥ 〕いる。当時の職人たちは身近な品といえども技の神髄を〔 ⑦ 〕ようと工夫を重ねて精魂〔 ⑧ 〕作ったにちがいない。人形のかわいい顔を見ながら、藩主はこれを誰のために作らせたのかと、思いを〔 ⑨ 〕いる。　　＊藩主：封建時代にその地方を治めていた大名。

```
a めぐらす    b 奪う    c 込める    d 帯びる    e かける
f 応じる      g つく    h 立つ      i 究める
```

2 「飛行機」

　人間は昔から大空に思いを〔 ① 〕鳥のように空を飛びたいという夢を〔 ② 〕いた。数々の試みがなされ、また多くの失敗があった。日本にもその夢を追いかけた人がいる。若い時にたまたま読んだ外国の雑誌が彼の心を〔 ③ 〕。「空を飛ぶ機械か。日本でも作ってみせよう。」彼は研究のための資金を獲得しようと、政府の役人にその重要性を口を〔 ④ 〕説明したが、実用性を疑った人々からは反感を〔 ⑤ 〕だけであった。「重い機械が空を飛ぶものか。なんと馬鹿なことを。」人々の嘲笑を〔 ⑥ 〕ながらも、「いつの時代にか世に受け入れられる日がくる。」と確信を持ち、私財を〔 ⑦ 〕建てた研究所で、研究に心血を〔 ⑧ 〕。実験に実験を重ね、ようやく完成の見通しが〔 ⑨ 〕と見えた時、ライト兄弟が人類初の有人動力飛行に成功したという知らせがもたらされた。彼は自分より一歩も二歩も先を〔 ⑩ 〕ライト兄弟の仕事に太刀打ちできないことを悟り、ついに長年の夢を捨てたのであった。

| a 注ぐ | b 抱く | c 投じる | d 捉える | e 浴びる |
| f 立つ | g 極める | h 行く | i 買う | j はせる |

3 「税制」

政府は景気回復のために減税は有効であるという姿勢を〔①〕いる。減税すれば消費者の購買力が上昇するだろうという考え方には一理ある。しかし、将来の〔②〕がはっきりしない状況では、消費意欲は〔③〕ないだろう。減税をしても購買力が大きくならなければ企業の業績は〔④〕ず、法人税からの税収も増えない。そうなれば財政収入は〔⑤〕、国家の経営に支障が〔⑥〕だろう。

| a とる | b 高まる | c 落ち込む | d 出る |
| e ある | f あがる | g 見通す | |

4 「少子化」

2002年度の政府発表によれば、一人の女性が一生の間に産む子どもの数が平均で1.4人を切った。いよいよ日本の人口バランスが〔①〕、少子高齢化によって生じるさまざまな課題に真剣に取り組まねばならない時代が来た。このままでは、将来労働力が著しく減少し、経済活動や産業構造など社会全体に深刻な影響が〔②〕として、これまで楽観的であった政府や経済界は危機感を〔③〕いる。この問題に対処するために近年いろいろな政策が立てられ、地方自治体などでも地域を〔④〕子育てを支援する様々な取り組みが行われるようになってきた。しかし、その取り組みが単に経済産業界のニーズに〔⑤〕、急場を〔⑥〕ためであるならば、少子化の流れに歯止めは〔⑦〕だろう。今、子どもを産み育てる年代にある女性たちの中には、男性と同等の学歴と能力を生かして働きたいと思っていても、育児と仕事の両立のいまだ困難なことが多い状況に働く意欲を〔⑧〕人も多い。女性が安心して子どもを産み、育て、なおかつその能力を生かして社会的な活動を続けることができる環境が作れるかどうか、日本社会は転機に〔⑨〕いる。すべての人が自分らしく生きられる社会になるよう、政府はまじめに取り組む姿勢を〔⑩〕ほしいものだ。

| a かかる | b しのぐ | c 及ぶ | d 崩れる | e 立つ |
| f こたえる | g 募らせる | h 挙げる | i 見せる | j 失う |

2 次の各文の（　）にそれぞれの問題の□から適当なものを選び、必要なら形を変えて入れなさい。

1　私が家庭教師をしていた子は今年大学受験だった。その子の話によると、大学入試では英語の試験でどれくらい点数がとれるかが合格の（①）らしい。そのためもともと英語が得意でなかった彼はテレビゲームなどもせず、毎晩遅くまで勉強していた。とりあえずすべり止めの大学に合格したときは、私も少しだけほっとした。その後の第一志望の大学に合格するかどうか（②）なかったが見事合格したときには、私も彼とともに（③）。

ア　確信が持てる　　イ　カギを握る　　ウ　喜びをかみしめる

2　両親が「まだか、まだか」と（①）、駅まで迎えに行こうとしていた矢先、約束より1時間遅れて兄の子どもたちが到着した。今その子たちが庭で遊んでいる姿を（②）見ている。孫といっしょにいると、心がなごむのだろう。父は日頃、「腰が痛い、肩が凝る」とこぼしてばかりいるのに、今日ばかりはボール遊びをしようと言っている。母は母で孫たちの喜ぶ顔が見たいと、料理に（③）いる。

ア　目を細める　　イ　しびれを切らす　　ウ　腕を振るう

3　人とつきあうということは難しいことだ。これは内緒にしておいてほしいとAさんに言われていたのを忘れて、ついうっかり別の友人にしゃべってしまった。それを知ったAさんは（①）。確かに僕が悪い。Aさんは僕を秘密が守れる人間だと思っていたからだ。これで僕に対する信用も（②）しまった。二人の間に今でも（③）。

ア　腹を立てる　　イ　しこりが残る　　ウ　地に落ちる

4　我々研究グループが開発した新しい燃料が（ ① ）いる。これは、リサイクルしたペットボトルを何とか有効に利用できないかと（ ② ）考え出したものだ。この燃料のコストの安さに注目した企業から、さっそく商品化したいという申し出があった。しかし、我々としては、もう少し（ ③ ）、さらに安全でクリーンな燃料を開発したいと考えている。

ア　知恵を絞る　　イ　改良を加える　　ウ　脚光を浴びる

3　次の文章の（ ）に下の ▭ から適当なものを選び、＿＿には適当な動詞を考えて入れなさい。それぞれの語は一度しか使えない。

　町に大型のスーパーが新しく出店する際には、しばしば地域の商店との間に摩擦が起こる。客を奪われては大変、と地元の個人商店主たちから反対運動が起こるのが普通で、交渉の場などでスーパー会社側に「帰れ！」などと〔 ① 〕を②＿＿＿商店主もいるほどだ。大きな企業は客の〔 ③ 〕を④＿＿＿ノウハウを持っていて、いったんスーパーができてしまうと古いタイプの商店街が対抗することはなかなか難しい。すでに県や市から建設許可を得ているスーパーの建設をやめさせることは困難だというのが実情だ。商店街が大型スーパーに〔 ⑤ 〕を⑥＿＿＿魅力をそなえるためには、サービスや設備に多額の〔 ⑦ 〕を⑧＿＿＿てはならず、なかなか商店主全員の〔 ⑨ 〕が⑩＿＿＿、という声もよく聞かれる。結局は、次第に商店街の客が減り、何十年と続けた商売に〔 ⑪ 〕を⑫＿＿＿仕事を変えたり他の土地に引っ越したりする商店が出てくることになる。

a　ひけ　　b　資金　　c　罵声　　d　心　　e　見切り　　f　足並み

4 次の文章の〔 〕に□□から適当なものを選び、必要なら形を変えて入れなさい。それぞれの語は一度しか使えない。

1 「家庭電化」

　アメリカでは皿洗いを手伝わされた夫が食器洗い機を開発したそうだ。日本では妻が朝食のため早起きして寒い〔①〕のを見て、「なんとか家事を楽にしてやれないものか。」と思った夫が炊飯器を開発したという。いまや、炊飯器だけでなく日本の電化製品は質がよくて、安価だといわれている。しかし昔から電化製品が多くの家事を肩代わりしてくれていたわけではなかった。戦前までは炊事、洗濯はすべて妻の仕事であった。これほどまでに普及したのは、戦後である。経済復興が軌道に乗り、国民みんなが一日も早く欧米諸国と〔②〕たいと思っていた。男女平等の理想を掲げて社会進出を目指す女性には家事から開放されたいという〔③〕きた。豊かになりつつある日本経済がこの風潮に〔④〕、電気メーカーは競って便利な新製品の開発に〔⑤〕。家庭電化は新しいライフスタイルの提案でもあった。経済成長の〔⑥〕、新しいものを作れば売れる時代となり、メーカー間の競争によって製品は年毎に改良され、今日のような高品質の製品が急速に普及してきたのである。しかし、近年の不況の結果、各メーカーの〔⑦〕いる。これまでの大量生産・大量消費型社会を見直し、〔⑧〕必要も叫ばれている。

```
a 軌道を修正する     b 力を注ぐ      c 波に乗る
d 売り上げが落ち込む  e 思いが募る    f 拍車をかける
g 肩を並べる         h 台所に立つ
```

2 「中学校」

　二年生の担任教師としてその中学校に赴任したAさんは〔①〕。授業中におしゃべりをしたり、居眠りをしたり、ふらふら歩き回ったりする生徒が学級の過半数を占め、試験をすれば落第点を取る者が続出したからだ。教師に対して〔②〕生徒もいた。同僚教師の中には初めて〔③〕頃の新鮮な気持をなくし、「もう辞めたい」と〔④〕人もいる。「この子たちを教えるのは無駄だ」などと〔⑤〕教師もいた。このような状態に〔⑥〕

Aさんは、学級を立て直すことに〔 ⑦ 〕。そして、何よりも大切なことは生徒たちを信頼し丁寧な授業をすることだと信じ、その〔 ⑧ 〕。その結果、生徒たちは少しずつながらAさんに対して〔 ⑨ 〕始め、何とか学級崩壊の〔 ⑩ 〕ことができた。

```
a  暴言を吐く      b  姿勢を貫く         c  驚きを禁じえない
d  心を開く        e  危機を乗り越える   f  暴力を振るう
g  弱音を吐く      h  心を痛める         i  教壇に立つ
j  意欲を燃やす
```

3 「国会紛糾」
　来年度の政府予算案の採決を前に、またしても与党国会議員による汚職が明るみに出た。現在、〔 ① 〕議員は、X氏、Y氏の二人だが、二人とも、今のところ事件への関与については、〔 ② 〕。この事件は、建設業界に強い発言力を持つ両氏が、政府主導の開発プロジェクトに関して、地元業者への便宜をはかったというもので、両氏は、その見返りとして、業者から五千万円にのぼる賄賂を受け取ったとされる。野党各党は〔 ③ 〕、両氏の〔 ④ 〕構えで、この問題をめぐる論議が長引けば、予算編成をめぐる国会の審議に〔 ⑤ 〕ことは必至と見られ、来年度の予算が今年度中に成立する〔 ⑥ 〕ない。予算編成以外にも、外交問題、経済・雇用対策など、〔 ⑦ 〕おり、議員数で〔 ⑧ 〕与党側は、野党側がボイコットという強行手段に出ても、そのまま予算案の採決に持ち込む姿勢を見せている。

```
a  総力を挙げる    b  責任を追及する    c  名前があがる
d  口を閉ざす      e  課題が山積する    f  過半数を占める
g  目処が立つ      h  影響を及ぼす
```

5　次のようなことを何というか、〈ことば〉で扱われた語句で答えなさい。
1　誰かを好きになり、ほかの人の忠告や進言が耳に入らないような状態にある　　　　　　　　　　　　　　→〔　　〕を奪われる
2　名声や財産を築いて故郷に帰る　　　　　　　→故郷に〔　　〕を飾る

3 終わりまで行い、りっぱな成果をあげる → 〔　〕を飾る
4 「たてまえ」とほぼ同じ意味の四字熟語 → 〔　〕を掲げる
5 人が得意なことを他の人が同じように行う → 〔　〕を奪う
6 問題の解決のために助けてもらう → 〔　〕を借りる
7 容疑者などが逃げ回っている時探す → 〔　〕を追う
8 状況が変化する → 〔　〕が変わる
9 相手がしそうなことを予測し、そうしないように注意する
　　　　　　　　　　　　　　　　→ 〔　〕を刺す
10 興奮したり、気になったりすることがあって、何かができない
　　　　　　　　　　　　　　　　→ 〔　〕につかない
11 何かがどんどん大きくなる → 〔　〕式に膨らむ
12 義務や責任などがある人の負担になる → 〔　〕にかかる
13 仕事などの最終段階に入り、よりいっそう頑張ってする
　　　　　　　　　　　　　　　　→ 〔　〕にかかる
14 親から親子関係を絶たれる → 〔　〕を言い渡される
15 強い言葉で言い過ぎる → 〔　〕が過ぎる

a 雪だるま	b 足跡	c 錦	d 力	e 手
f 勘当	g 追い込み	h くぎ	i お株	j 大義名分
k 風向き	l 口	m 肩	n 心	o 有終の美

6 まず囚の会話を読んでください。その次のBは囚の会話について述べた文章です。Bの（　）にA群の□□から、＿＿＿にはB群の□□から適当なものを選び、必要なら形を変えて入れなさい。

「仕事と上司」

A

A：仕事を早く上手にするのにはどうしたらいいのかな。

B：そりゃ、何と言っても自分の仕事の内容をよく知っていることが一番大切だろうな。

A：でも、それだけじゃなくて、上司も大事だよね。

B：そうだね。やりたいことをやらせてくれなかったり、やる気をなくさせるようなことをする上司はダメだね。

A：いちいち「ああしろ」、「こうしろ」と言うのもやめた方がいいね。

B：だけど、困っている部下に対してはやはりいろいろ教えて欲しいよね。

A：そういう上司がいるといいんだけどね。

B

　仕事の〔 ① 〕を②＿＿＿ためには、まず第一に社員一人一人が自分の仕事をよく知っていること、つまり仕事に対する〔 ③ 〕を④＿＿＿ことが必要だ。また、上司は部下に細かい指示を与えたりいろいろ〔 ⑤ 〕を⑥＿＿＿ことはやめた方がいい。それは部下から自分で創意工夫する〔 ⑦ 〕を⑧＿＿＿、部下の〔 ⑨ 〕を⑩＿＿＿結果になるからだ。もちろん、〔 ⑪ 〕を⑫＿＿＿いる社員に対しては適切なアドバイスを与えるべきだろう。

| A群 | a 理解　b やる気　c 悩み　d 能率　e 注文　f 自由 |
| A群 | g 奪う　h そぐ　i 深める　j あげる　k 抱える　l つける |

（⑦、⑧と⑨、⑩は回答の順序が逆になってもよい）

7 まずAの会話を読んでください。その次のBはAの会話について述べた文章です。Bの（　）には適当な助詞を入れ、下線には□□□から適当なものを選び、必要なら形を変えて入れなさい。

「企画書」

A

A：仕事うまくいっている？

B：それがそうじゃないんだ。上司が違う意見を言ったので、中断しているんだ。それで、チームリーダーとして、メンバーからいろいろ文句や不満を言われているんだよ。

A：どうして、部長がそんなこと言ったのかしら。

B：コンペに出す企画なんだからもっと一つのことを重点的に扱ったもの

を考えろということなんだけど。十分に素晴らしいし、勝てるとチームでは思ってるんだ。

A：企画の提出はいつなの？

B：今月末なんだけど、間に合うかどうか全然わからない。

A：そう。

B：女性向けの企画だから、一度、君の考えを聞かせてくれないか。

A：かまわないわ。いいわよ。

B：ありがとう。

B

　Bさんは会社でコンペに出す企画書を書かなければならない。一応書いたがその内容について上司（①）②＿＿＿＿。そのため企画書は中断している。Bさんがリーダーとしてチーム（③）④＿＿＿＿みんなで考えた案だけに、メンバーからも不満（⑤）⑥＿＿＿＿おり、Bさんは困っている。上司はBさんにもっと⑦＿＿＿＿ものを作ったほうがいいと言うのだが、Bさんはコンペで勝てるという⑧＿＿＿＿。これ以上のものとはどういうものだろうか。締め切りまでに書くことができるかどうか、⑨＿＿＿＿いない。男性であるBさんがいくら考えてもこれ以上名案が浮かばないので、Aさん（⑩）⑪＿＿＿＿もらうことにした。

---
a　声が挙がる　　b　先頭に立つ　　c　相談に乗る　　d　確信がある
e　目処がつく　　f　テーマを絞る　　g　横やりが入る

8　Aの文章は初級学習者の作文のようです。「報告文」の文体に書き換えてみましょう。Bの（　）に▯から適当なものを選び、必要なら形を変えて入れなさい。

「学力」

A

　昔、日本の子どもは世界で一番勉強ができるといわれていたが、今はそうではない。昔は本当にほかの国に比べてたくさんの科目を、けっこう高いレ

ベルまで勉強させられていたようだ。でも親や教師はそれではよくないと思ったし、政府はそれに問題があることに気づいたので、教える内容を減らし、あまった時間をほかのことに使って、一人一人のいいところを伸ばそうというやり方に変えた。でもそのために今の日本の子どもの成績は悪くなったと言われている。特に数学の力が低くなったらしい。高校では好きな科目をとることができるようになったし、大学入試のやり方も変わったので、たとえば物理を勉強しないで工学部に入る生徒も多くなっている。それを心配する先生たちが特別の問題を出して生徒たちに勉強させている学校もあるらしい。技術を自慢していた日本人はこのままでいいのだろうか。

B

「日本の子どもはよく勉強し優秀だ」という〔①〕きている。確かにかつての日本の子どもは、多様な教科内容を詰め込まれていた。そうした学力偏重に〔②〕親や教師からの〔③〕、政府はこの20年間、「ゆとりと個性を伸ばす教育」へと方針を変更してきた。しかしこの「ゆとり教育」がもたらしたものは学力の低下である。特に数学の〔④〕といわれている。高校での科目選択が自由化し、大学入試の科目数も減ったため、高校で数学を勉強しないで経済学部に入ってきたり、物理をとらずに工学部に入る学生が増えている。こうした傾向に〔⑤〕教育現場には、学生に独自の〔⑥〕、学力向上に大きな〔⑦〕学校もあると聞く。日本が経済力の維持、技術立国という〔⑧〕いるなら、子どもたちに基礎的な〔⑨〕、優秀な人材を育てる必要がある。「ゆとり教育」という名の下に学力低下を傍観するか、早急に教育改革を行うか、日本は今〔⑩〕いると言えよう。

a 力が落ちる	b 効果をあげる	c 疑念を抱く
d 神話が崩れる	e 展望を描く	f 岐路に立つ
g 学力をつける	h 要望にこたえる	i 課題を課す
j 危機意識を高める		

索引

漢字かな表記	かな表記	頁

あ 行

漢字かな表記	かな表記	頁
赤字が膨らむ	あかじがふくらむ	58
あがる	あがる	145, 146, 155
上げ潮に乗る	あげしおにのる	56
挙げて	あげて	168
あげる	あげる	146, 155
足取り	あしどり	93
足取りがおぼつかない	あしどりがおぼつかない	93
足並み	あしなみ	14
足並みがそろう	あしなみがそろう	14
足並みをそろえる	あしなみをそろえる	14
浴びせる	あびせる	94
浴びる	あびる	3, 94, 197
洗う	あらう	31
言い訳をひねり出す	いいわけをひねりだす	195
言い渡す	いいわたす	187
息	いき	90
息切れ	いきぎれ	89, 90
息切れ気味である	いきぎれぎみである	89
意見をさしはさむ	いけんをさしはさむ	23
意識	いしき	77, 78
抱く	いだく	103
一語一語をかみしめる	いちごいちごをかみしめる	164
一角が崩れる	いっかくがくずれる	57
一角を崩す	いっかくをくずす	57
意欲	いよく	116
意欲がそがれる	いよくがそがれる	116
意欲をそぐ	いよくをそぐ	116
後ろ指を指される	うしろゆびをさされる	67
後ろ指を指す	うしろゆびをさす	67
薄い	うすい	53
薄日が差し込む	うすびがさしこむ	106
うっぷん	うっぷん	137
うっぷんが爆発する	うっぷんがばくはつする	137
うっぷんを爆発させる	うっぷんをばくはつさせる	137
腕が上がる	うでがあがる	145
腕を上げる	うでをあげる	145
奪う	うばう	126
描く	えがく	45, 46
追い込みにかかる	おいこみにかかる	155
追い込みをかける	おいこみをかける	155
追う	おう	104, 105
お株を奪う	おかぶをうばう	126
お先棒を担ぐ	おさきぼうをかつぐ	31
お墨付きを得る	おすみつきをえる	65

落ち込む	おちこむ	93
落ちる	おちる	45
落とす	おとす	45
帯びる	おびる	66, 67
おぼつかない	おぼつかない	93, 94
思い	おもい	164
思いが深まる	おもいがふかまる	164
思いを深める	おもいをふかめる	164
及ぶ	およぶ	196
及ぼす	およぼす	196
折り合い	おりあい	12, 13
折り合いがつく	おりあいがつく	12
折り合いをつける	おりあいをつける	12

か 行

害	がい	196
害が及ぶ	がいがおよぶ	196
害を及ぼす	がいをおよぼす	196
買う	かう	55
抱える	かかえる	138
掲げる	かかげる	54, 58, 104
かかる	かかる	65, 126, 138, 155, 156, 188
カギ	かぎ	14
カギを握る	かぎをにぎる	14
確信	かくしん	6
確信を持つ	かくしんをもつ	6
影	かげ	53
影が薄い	かげがうすい	53
かげり	かげり	47
かげりを見せる	かげりをみせる	47
かける	かける	65, 66, 126, 188
風向き	かざむき	157
風向きが変わる	かざむきがかわる	157
風向きを変える	かざむきをかえる	157
飾る	かざる	125
課す	かす	23, 24
風	かぜ	195
風当たりが強い	かぜあたりがつよい	195
肩	かた	156, 158, 179
肩にかかる	かたにかかる	156
肩を並べる	かたをならべる	158
肩を寄せ合う	かたをよせあう	179
担ぐ	かつぐ	31, 32
格好	かっこう	205
格好をつける	かっこうをつける	205
喝采を浴びる	かっさいをあびる	197
活路を見出す	かつろをみいだす	107
株価が落ち込む	かぶかがおちこむ	93
株価の落ち込み	かぶかのおちこみ	93
かみしめる	かみしめる	164
(体)にむち打つ	からだにむちうつ	22

勘当を言い渡される	かんどうをいいわたされる	187
勘当を言い渡す	かんどうをいいわたす	187
気	き	207
危機	きき	180
危機意識が希薄だ	ききいしきがきはくだ	77
危機感が募る	ききかんがつのる	139
危機感を抱く	ききかんをいだく	103
危機感を募らせる	ききかんをつのらせる	139
危機に直面する	ききにちょくめんする	180
きく	きく	58, 75
(基礎)体力がつく	きそたいりょくがつく	56
(基礎)体力をつける	きそたいりょくをつける	56
期待がこもる	きたいがこもる	55
期待を込める	きたいをこめる	55
軌道	きどう	11
軌道に乗せる	きどうにのせる	11
軌道に乗る	きどうにのる	11
気にする	きにする	207
疑念	ぎねん	21
疑念が育つ	ぎねんがそだつ	21
脚光を浴びる	きゃっこうをあびる	3
亀裂	きれつ	46
亀裂が残る	きれつがのこる	46
岐路に立つ	きろにたつ	147
禁じえない	きんじえない	167
くぎを刺す	くぎをさす	118
崩す	くずす	32, 91, 92
崩れる	くずれる	32, 57
下す	くだす	23
口	くち	187
口が過ぎる	くちがすぎる	187
国を挙げて	くにをあげて	168
加える	くわえる	3
決算を締める	けっさんをしめる	89
決断を下す	けつだんをくだす	23
効果	こうか	66
効果をもたらす	こうかをもたらす	66
工場に立つ	こうじょうにたつ	181
声	こえ	188
声が掛かる	こえがかかる	188
声を掛ける	こえをかける	188
心	こころ	203
心が動く	こころがうごく	203
心を動かす	こころをうごかす	203
こたえる	こたえる	156, 157
言葉	ことば	146
言葉を濁す	ことばをにごす	146
込める	こめる	55
こもる	こもる	55

さ　行

下げ足が速まる	さげあしがはやまる	89
下げ足を速める	さげあしをはやめる	89
差し込む	さしこむ	106, 107
さしはさむ	さしはさむ	23
参院選を控える	さんいんせんをひかえる	94
山積する	さんせきする	47
資金を株式に投じる	しきんをかぶしきにとうじる	92
しこり	しこり	46
しこりを修復する	しこりをしゅうふくする	46
姿勢	しせい	115
姿勢を貫く	しせいをつらぬく	115
失望を買う	しつぼうをかう	55
しのぐ	しのぐ	118
しびれを切らす	しびれをきらす	6
絞る	しぼる	34
締める	しめる	89
占める	しめる	166, 167, 180
(重要)課題が山積する	じゅうようかだいがさんせきする	47
首都圏を抱える	しゅとけんをかかえる	138
証言に立つ	しょうげんにたつ	4
将来を見通す	しょうらいをみとおす	106
心身ともに洗われる	しんしんともにあらわれる	31
神髄を究める	しんずいをきわめる	189
信用	しんよう	95
信用が落ちる	しんようがおちる	95
信用を落とす	しんようをおとす	95
神話が崩れる	しんわがくずれる	32
すそ野	すその	168
すそ野が広い	すそのがひろい	168
責任	せきにん	23, 24
責任を課す	せきにんをかす	23
先端	せんたん	179
先端を行く	せんたんをいく	179
先頭	せんとう	15
先頭に立つ	せんとうにたつ	15
羨望の念を禁じえない	せんぼうのねんをきんじえない	167
そぐ	そぐ	116, 117
俎上に載せる	そじょうにのせる	79
注ぐ	そそぐ	177, 178
その場しのぎ	そのばしのぎ	118
そろう	そろう	15
そろえる	そろえる	14, 15
存在感が高まる	そんざいかんがたかまる	54
存在感を高める	そんざいかんをたかめる	54

た　行

大義名分を掲げる	たいぎめいぶんをかかげる	104
態度を貫く	たいどをつらぬく	67

高まる	たかまる	54
高める	たかめる	54
立つ	たつ	4,5,15,76,77,147,148,181,188
立てる	たてる	4,5,76
知恵	ちえ	34
知恵を絞る	ちえをしぼる	34
力	ちから	57,177
力が入る	ちからがはいる	57
力を入れる	ちからをいれる	57
力を注ぐ	ちからをそそぐ	177
地に落ちる	ちにおちる	45
厨房に立つ	ちゅうぼうにたつ	188
注文	ちゅうもん	156
注文にこたえる	ちゅうもんにこたえる	156
直面する	ちょくめんする	180
つく	つく	12,13,14,56,57,145,206
つける	つける	13,14,56,57,206
募らせる	つのらせる	139
募る	つのる	139
貫く	つらぬく	67,115,116
手	て	58,156,195
手が出る	てがでる	195
手直しを加える	てなおしをくわえる	3
手間	てま	156
手間がかかる	てまがかかる	156
手間をかける	てまをかける	156
手を組む	てをくむ	58
手を出す	てをだす	195
手を引く	てをひく	156
転機	てんき	189
転機が訪れる	てんきがおとずれる	189
展望	てんぼう	45
展望を描く	てんぼうをえがく	45
投じる	とうじる	92

な 行

鳴りをひそめる	なりをひそめる	33
値	ね	91
熱を帯びる	ねつをおびる	66
値を崩す	ねをくずす	91
能率が上がる	のうりつがあがる	155
能率を上げる	のうりつをあげる	155
乗せる	のせる	11,12,56
乗る	のる	12,56

は 行

歯切れ	はぎれ	118
歯切れが悪い	はぎれがわるい	118
吐く	はく	140

拍車がかかる	はくしゃがかかる	65, 126
拍車をかける	はくしゃをかける	65, 126
化けの皮がはがれる	ばけのかわがはがれる	207
化けの皮をはぐ	ばけのかわをはぐ	207
旗	はた	58
旗を掲げる	はたをかかげる	58
８割を占める	はちわりをしめる	166
歯止め	はどめ	58, 138
歯止めがかからない	はどめがかからない	138
歯止めがかかる	はどめがかかる	138
歯止めが利かない	はどめがきかない	58
歯止めが利く	はどめがきく	58
歯止めをかける	はどめをかける	138
腹	はら	76, 108
腹が据わる	はらがすわる	108
腹が立つ	はらがたつ	76
腹を据える	はらをすえる	108
腹を立てる	はらをたてる	76
張る	はる	207
反響	はんきょう	22
反響を巻き起こす	はんきょうをまきおこす	22
反応	はんのう	91
反応が鈍い	はんのうがにぶい	91
日	ひ	106
ピーク	ぴーく	108
ピークを迎える	ぴーくをむかえる	108
被害	ひがい	181
被害を受ける	ひがいをうける	181
控える	ひかえる	94, 95
ひけをとらない	ひけをとらない	45
ひけをとる	ひけをとる	45
ビジョンを掲げる	びじょんをかかげる	54
ひそめる	ひそめる	33
ひねり出す	ひねりだす	195
深まる	ふかまる	164, 166
深める	ふかめる	164, 166
膨らませる	ふくらませる	117
膨らむ	ふくらむ	58, 117
振るう	ふるう	137
暴言を吐く	ぼうげんをはく	139
冒頭を飾る	ぼうとうをかざる	125
暴力	ぼうりょく	137
暴力を振るう	ぼうりょくをふるう	136

ま　行

巻き起こす	まきおこす	22
見い出す	みいだす	107
見えを張る	みえをはる	207
見切りをつける	みきりをつける	126
道筋	みちすじ	14
道筋がつく	みちすじがつく	14

道筋をつける	みちすじをつける	14
見通す	みとおす	106
身を滅ぼす	みをほろぼす	21
目	め	3, 31, 92, 145, 147, 181
目先の利益を追う	めさきのりえきをおう	104
目を細める	めをほそめる	181
目に付く	めにつく	92, 145
目に入る	めにはいる	3
目に見える	めにみえる	147
目をつむる	めをつむる	31
もたらす	もたらす	66

や 行

山場	やまば	6
山場を迎える	やまばをむかえる	6
融通がきく	ゆうずうがきく	75
融通がきかない	ゆうづうがきかない	75
雪だるま式に膨らむ	ゆきだるましきにふくらむ	117
横やりが入る	よこやりがはいる	3
横やりを入れる	よこやりをいれる	3

ら 行

利益	りえき	104
冷水を浴びせる	れいすいをあびせる	94
60パーセントを占める	ろくじゅうぱーせんとをしめる	180

解 答

ユニット1　第1課　科学者の勇気　7
1. 1e 2d 3a 4b 5c
2. 1を,迎える／迎えた　2に,入った　3を,持って　4を,加えた　5に,立って
3. 1d 2e 3b 4c 5a
4. 1 横やりが入った　2 脚光を浴びて　3 上に立つ　4 しびれを切らして　5 矢面に立つ
5. 1c 2c

ユニット1　第2課　地球温暖化　16
1. 1d 2b 3a 4c
2. 1 dつけて　2 c乗せる　3 aつか　4 dたどって　5 bなる／なっている
3. 1d 2c 3b 4a
4. 1 口車に乗せ　2 口をそろえて　3 耳をそろえて　4 折り合いをつける　5 けりをつけて　6 先頭に立って

ユニット1　第3課　環境アースデー　25
1. 1e 2g 3d 4b 5a 6c 7f
2. 1 果たした　2 取って／取り　3 転嫁する　4 逃れ
3. 1 抱いて,強まった　2 晴らす　3 薄まった,晴れた
4. 1c 2b 3d 4a 5e
5. 1d 2c 3b 4e 5e
6. 1a 2e 3c 4b 5d
7. 1 身を滅ぼした　2 異議をさしはさむ　3 疑念がつきまとう　4 ペナルティを課す　5 センセーションを巻き起こして

ユニット1　第4課　都市近郊農地を残す　35
1. 1e 2d 3c 4b 5a
2. 1a 2b 3a 4a 5a 6b
3. 1c 2e 3d 4a 5b
4. 1 を,つぶる　2 が／を,洗われた　3 を,担いで　4 が,崩れる　5 を,ひそめた　6 を,絞った　7 を,絞って
5. 1 目をつむろう／目をつぶろう　2 知恵を絞った　3 声をひそめて　4 知恵をつけた　5 目標を1つに絞る　6 芋の子を洗うようだった　7 音を絞って

6. 1c 2d 3a

ユニット1　まとめの問題　39
1. 1をb 2がf 3にc 4をe 5をa 6がd 7がg
2. 1 貫いて／貫き　2 生じ／生じて,果たす　3 巻き起こした　4 帯びて
3. 1c 2f 3b 4j 5b,h 6i 7a 8e,d 9g
4. 1a 2b 3d 4e 5c
5. 1 担ぐ　2 働かせれ　3 ひそめて　4 つけ　5 悪い　6 加え　7 絞った　8 立って／立ち
6. ①口車に乗せ　②口を揃えて　③証言に立つ　④足並みが揃って　⑤苦境に立た
7. ①上に立つ　②責任が課せ　③岐路に立って／岐路に立たされて　④異議をさしはさむ　⑤波風が立つ　⑥混乱を巻き起こす／混乱が巻き起こされる　⑦判断を下す

ユニット2　第1課　存在感を示せるか　48
1. 1d 2c 3e 4b 5a
2. 1c 2e 3b 4d 5a
3. 1d 2b 3a 4e 5c
4. 1 ひけをとらない　2 地に落ちた　3 しこりを取り　4 亀裂が入った　5 かげりがある
5. 1b 2a 3c 4b

ユニット2　第2課　民主党　59
1. 1e 2a 3b 4c 5d
2. 1 が,利かない　2 を,掲げた／掲げて／掲げ　3 を,組んで　4 が,膨らみ／膨らんで　5 が,ついた
3. 1b 2e 3c 4d 5a
4. 1e 2d 3a 4c 5b
5. 1 影を落として　2 影が薄い　3 影も形もなく　4 影を潜めた／影を潜めている　5 影が射して
6. 1 顰蹙を買って　2 見当をつけて／見当をつけ　3 誘いに乗って／誘いに乗り　4 願いを込めて　5 一角が崩れ／一角が崩れて
7. 1 努力を買って／努力を買い　2 思いがこもって　3 士気が高まって　4 利

益が薄く　5 赤字が膨らんで
⑧ 1 知恵がついた　2 Aの意欲を買って　3 反感を買っている　4 感情を込めて　5 野党の失笑を買った　6 普及に歯止めが利かなくなっている　7 一角が崩れてしまった　8 興に乗る　9 縁が薄かった　10 建物は/建物の影も形もない

ユニット2　第3課　大阪五輪　68
① 1 c　2 a　3 b　4 e　5 d　6 f
② 1 a　2 e　3 c　4 d　5 b　6 f
③ 1 b　2 a　3 d　4 e　5 c
④ 1 上がる　2 かけて, もたらす　3 貫いて　4 帯びた　5 かけられる
⑤ ①得た　②もたらした　③かかり/かかって　④帯びて
⑥ 1 結果をもたらした　2 態度を貫いて　3 熱を帯びて　4 後ろ指を指される　5 待ったがかかった　6 効果を生む　7 迷惑がかかる　8 声をかけて/声をかけ

ユニット2　第4課　お役所仕事　80
① 1 b　2 e　3 a　4 c　5 d
② 1 bを　2 eに　3 dが　4 cに　5 aを
③ A 1 eを　2 dを　3 cを　4 aを　5 bを
　 B 1 aが　2 fが　3 dが　4 bが　5 cの/が　6 eの/が
④ 1 高くて/高く　2 薄い　3 のぼる　4 低い　5 失った
⑤ 1 俎上に載せられる　2 危機意識を持たない　3 義理を立てて　4 気が/の利く, 気の利いた
⑥ ①希薄　②強く　③腹　④欠ける/欠けている　⑤載せ

ユニット2　まとめの問題　83
① 1 d　2 b　3 c　4 f　5 a　6 g　7 e
② 1 俎上に載せられる　2 地に落ちた　3 拍車がかかっている, 歯止めがきかない　4 上げ潮に乗り/上げ潮に乗って　5 お墨付きを得た　6 後ろ指を指される
③ 1 e　2 c　3 d　4 a　5 b
④ 1 力を入れて　2 気がきく/気のきく, ひけをとらない　3 影が薄い　4 腹を立てて
⑤ 1 ①力をつけて/力をつけ　②波に乗

って　③熱を帯びて　2 ①意志を貫く　②反感を買う/反感を買った
⑥ ①旗を揚げた　②目標に掲げ/目標に掲げて　③意識を高める　④代表者に立てて　⑤意識は高い　⑥一票を投じた

ユニット3　第1課　先行き不安のメッセージ　97
① 1 d　2 h　3 e　4 g　5 a　6 f　7 c　8 b
② A 1 吸う, 吐く　2 ある　3 詰まる　4 のんだ
　 B 1 崩す　2 ついた　3 下がった, 持ち直し/持ち直して　4 張り　5 出る
③ A 1 落ち込んで　2 おぼつかなく　3 控えて　4 締めて　5 崩した　6 控えて　7 つかめて/つかんで　8 浴びせて　9 控えて
　 B 1 浴びて　2 投じて/投じ　3 詰めて/詰め　4 詰まる　5 落とす　6 つく　7 張り　8 きれて　9 はずませて　10 投じる
④ 1 が　2 に　3 に　4 に　5 が
⑤ 1 に, つく d　2 を, 投じる b　3 を, のむ a　4 を, 控えて c
⑥ 1 ①株価が落ち込んでいる　②目に付く　③値を崩す　2 ①資金を投じて　②反応が鈍い　③冷水を浴びせられた　3 ①外出を控えて　②信用を失う　③バランスを崩し　④足元がおぼつかなかった

ユニット3　第2課　衰退を招く『即戦力重視』　109
① 1 e　2 a　3 b　4 d　5 c
② A 1 追って　2 出る　3 沈む　4 陰った　4 ある
　 B 1 上がった　2 出　3 追求する　4 生む
③ 1 に, を, 抱いて　2 を, 掲げて　3 を, 見通して　4 を, 追求する　5 が, 差し込む
④ A 1 b　2 e　3 c　4 a　5 d
　 B 1 b, d　2 a　3 c
⑤ 1 b　2 a　3 b　4 a
⑥ ①ある　②掲げ/掲げて　③生む　④追　⑤見通した/見通して

ユニット3　第3課　税制白書　120
① 1 d　2 c　3 b　4 f　5 a　6 a

233

2 1①が ②あり 2①を ②失って
    3①に ②燃えて ③が／を ④そがれて

3 1①に ②を ③見せて ④を ⑤明らかにして ⑥が ⑦悪かった ⑧が／を ⑨そがれて
    2①を／が ②しのげる ③が ④膨らんで ④を ⑥貫こう

4 1に 2を 3が 4に 5に／の、が 6の

5 1a 2a 3b 4b

6 1c、b 2a、a 3b、c 4f、f 5d、e 6e、d

ユニット3 第4課 ロンドンはローカロリー　128

1 1b 2a 3b 4b 5c

2 1f 2e 3d 4a 5b 6c

3 1を、奪われた 2を、飾って／飾り 3を、つけた 4を、奪われた 5を、飾った

4 1d を 2c を 3a を 4b を

5 1b 2a 3a

6 ①冒頭を飾って ②お株を奪う ③見切りをつける

ユニット3 まとめの問題　131

1 1d 2b 3g 4e 5a 6h 7c 8f

2 1に 2が、に 3を、に 4に／が 5に 6を 7を 8に、を 9を 10に、を

3 1e 2c 3f 4g 5a 6b 7h 8d

4 A 1g 2h 3d 4c 5i 6f 7e 8a 9b 10j
    B 1d 2a 3g 4i 5j 6e 7c 8b 9h 10f

5 1紙面を飾った 2方針を貫き 3息を引き取った 4外出を控えた 5息をのんだ 6足を奪われ／足を奪われて／足を奪われた 7値が張る 8歯切れが悪く

6 1軽く、重い 2悪い、良い 3鈍く 4高い

7 1故郷に錦を飾る 2拍車をかけ 3有終の美を飾って 4電話番号も住所も控えて 5足取りをつかんだ 6お株を奪われた

ユニット4 第1課 駅構内暴力　141

1 1e 2d 3f 4a 5c 6b

2 1を、振るった 2に、が、かから 3を、抱えている 4を、募らせた 5を、吐いた 6を、晴らした

3 1b 2c 3a 4e 5d

4 1病人を抱えて 2権力を振るった 3危機感を募らせて 4弱音を吐いた 5歯止めをかける 6暴力に訴える 7うっぷん晴らしをして

ユニット4 第2課 リハビリ学会　149

1 1b 2e 3c 4d 5a

2 1b 2c 3e 4d 5a

3 1d を 2e を 3c が 4a を 5b を

4 1交わした 2尽くして 3のみ込んだ 4とらえて 5はさむ

5 1に、見えない 2に、立って 3に、なりません 4を、返す

6 1①見えない ②ついて ③尽くして 2④上げ／上げて ⑤つけた ⑥あげている／あげた

ユニット4 第3課 招き猫に時代の風　159

1 1e 2c 3d 4e 5b 6e 7a

2 1を、並べる 2に、かかって 3に、こたえて 4を、変える 5を、惜しんで 6を、引き 7が、はぶけた 8を、出して

3 1d 2b 3a 4e 5c

4 1h 2d 3a 4f 5b 6e 7c 8g

ユニット4 第4課 日本にも新映像都市を　169

1 1d 2b 3e 4f 5c 6a

2 1はせた 2込めて 3寄せて 4寄らない／寄らぬ 5致した 6とげた

3 1d 2a 3c 4b

4 1喜びをかみしめて 2思いを深めた 3すそ野が広がった 4思いをかけた／思いをかけていた 5念を禁じえない

5 1を、めぐらす 2も、かけない／かけぬ 3を、かけて 4を、禁じえない 5を、挙げて 6が、深まって

ユニット4 まとめの問題　171

1 1①深め ②挙げて ③かかって ④つかない 2①とげ／とげて ②かわす／かわした ③募らせて ④かみ

しめて
2 ①が ②省けた ③を ④惜しん ⑤も ⑥寄らない／寄らぬ ⑦を ⑧吐いた ⑨を ⑩とらえて ⑪を ⑫上げ
3 A 1 e 2 a 3 c 4 g 5 f 6 b 7 d
  B 1 ①権力を振るっている ②暴言を吐く ③うっぷんを晴らして 2 ①すそ野が広がる ②人気が上がった 3 ①風向きが変わり／風向きが変わって ②岐路に立たされて
4 A 1 c 2 d 3 e 4 a 5 b
  B 1 ①スピードを上げて 2 ①言葉をつくして ②先頭に立って 3 ①泣き寝入りする ②鼻につく
5 A 1 にc 2 がd 3 にa 4 をb
  B ①を抱えていながら ②弱音を吐かない ③手間がかかる ④注文にこたえて ⑤の念を禁じえない ⑥目に見えない
6 ①思いをはせていた ②思いも寄らなかった ③目処が立っていない ④要望にこたえて／要望にこたえ

ユニット5 第1課 技に生きる 182
1 1 d 2 e 3 f 4 a 5 b 6 c
2 1 力がある 2 力を尽くした 3 力を抜か 4 力が湧いて 5 力を借りて／力を借り
3 1 力として 2 力を注いで 3 力が落ちて 4 力が尽きて／力が尽き 5 力を合わせる 6 力を発揮する
4 1 c, に 2 b, を 3 e, を 4 d, に 5 a, を
5 1 を, 乗り越え 2 を, 注いで 3 に, 遭遇して 4 が, 及んだ 5 に, 立って
6 1 d を, 注ぐ 2 b を, 出す 3 c を, 注いで 4 b に, なって 5 a を, 行く

ユニット5 第2課 欧州に夢求めて 190
1 1 d 2 e 3 b 4 a 5 c 6 f
2 1 を, e 2 を, a 3 を, d 4 に, f 5 を, c 6 が, b
3 1 b 2 e 3 d 4 c
4 1 張り上げて 2 一挙がら 3 掛ける 4 荒げた 5 殺して
5 ①口が過ぎた ②勘当を言い渡された ③転機が訪れた ④声が掛から

ユニット5 第3課 禁煙 198
1 1 a 2 e 3 b 4 c 5 f 6 d
2 1 を, 浴びて／浴び 2 が, 出て 3 に, 及ぼした／及ぼしている 4 を, 受けた／受けている 5 を, 起こす 6 を, ひねり出し 7 が, 及ば 8 を, はらんで 9 を, 切って 10 に, なる
3 1 c 2 a 3 a 4 b 5 b 6 c 7 a 8 a 9 a 10 b
4 1 風当たりが強い 2 手が出る 3 害になる 4 力が及ば 5 ひねり出す

ユニット5 第4課 中年の印 208
1 1 c／d 2 e 3 b 4 a 5 b
2 1 b 2 a 3 c 4 a 5 c 6 b 7 b
3 1 心を鬼にして 2 心に描いて 3 心を許す 4 文句をつける 5 箸をつけた
4 1 b 2 d 3 b 4 d

ユニット5 まとめの問題 211
1 1 e 2 a 3 h 4 b 5 d 6 f 7 g 8 c
2 1 を 2 を 3 が 4 を 5 が 6 に 7 を 8 が 9 を 10 に 11 に 12 に／と
3 1 a 2 g 3 h 4 d 5 c 6 j 7 e 8 f 9 i 10 b
4 1 口をつけて 2 風を切って 3 心を痛めて 4 心がこもった 5 格好がつか 6 危機を乗り越える
5 1 f 2 g 3 b 4 h 5 j 6 c 7 d 8 i 9 a 10 e
6 1 i 2 f 3 a 4 b 5 j 6 h 7 e 8 g 9 c 10 d
7 1 f 2 g 3 h 4 a 5 d 6 c 7 b 8 e
8 1 先端を行く 2 風を起こ 3 厨房に立って／厨房に立ち 4 見えを張って／見えを張り 5 目を細める 6 被害を被って

総合問題

1
1 ①奪う ②立つ ③こたえ／こたえて ④かけて／かけ ⑤つかない ⑥帯びて ⑦究め ⑧込めて ⑨めぐらせて
2 ①はせ／はせて ②抱いて ③捉えた ④極めて ⑤買った ⑥浴び ⑦投じて ⑧注いだ ⑨立った ⑩行く
3 ①とって ②見通し ③高まら ④あがら ⑤落ち込み／落ち込んで ⑥出る
4 ①崩れ／崩れて ②及ぶ ③募らせて ④挙げて ⑤こたえ ⑥しのぐ ⑦かからない ⑧失う ⑨立って ⑩見せて

2
1 ①カギを握っている ②確信が持て ③喜びをかみしめた
2 ①しびれを切らして ②目を細めて ③腕を振るった
3 ①腹を立てた ②地に落ちて ③しこりが残っている
4 ①脚光を浴びて ②知恵を絞って ③改良を加えて／改良を加え

3
①c ②浴びせる ③d ④つかむ／捉える ⑤a ⑥とらない ⑦b ⑧投じなく ⑨f ⑩揃わない ⑪e ⑫つけ／つけて

4
1 ①台所に立つ ②肩を並べ ③思いが募って ④拍車をかけ／拍車をかけて ⑤力を注いだ ⑥波に乗って／波に乗り ⑦売り上げが落ち込んで ⑧軌道を修正する
2 ①驚きを禁じえなかった ②暴力を振るう ③教壇に立った ④弱音を吐く ⑤暴言を吐く ⑥心を痛めた ⑦意欲を燃やした ⑧姿勢を貫いた ⑨心を開き ⑩危機を乗り越える
3 ①名前があがっている ②口を閉ざしている ③総力を挙げて ④責任を追及する ⑤影響を及ぼす ⑥目処が立た ⑦課題が山積して ⑧過半数を占める

5
1 n 2 c 3 o 4 j 5 i 6 d 7 b 8 k 9 h 10 e 11 a 12 m 13 g 14 f 15 l

6
①d ②あげる ③a ④深める ⑤e ⑥つける ⑦b ⑧そぎ ⑨f ⑩奪う ⑪c ⑫抱えて
（⑦，⑧と⑨，⑩は解答の順序が逆になってもよい）

7
①から ②横やりが入った ③の ④先頭に立って ⑤の ⑥声が挙がって ⑦テーマを絞った ⑧確信がある ⑨目処がついて ⑩に ⑫相談に乗って

8
①神話が崩れて ②疑念を抱いた ③要望にこたえ／要望にこたえて ④力が落ちた ⑤危機意識を高めた ⑥課題を課し／課題を課して ⑦効果をあげた／効果をあげている ⑧展望を描いて ⑨学力をつけ／学力をつけて ⑩岐路に立って

編著者紹介（五十音順）

神田靖子（かんだやすこ）
　大阪学院大学国際学部助教授
佐藤由紀子（さとうゆきこ）
　国際基督教大学日本語教育課程非常勤講師
　東京大学教養学部非常勤講師
山田あき子（やまだあきこ）
　東京国際大学教授

執筆協力者（五十音順）

工藤陽子（くどうようこ）
　同志社大学留学生別科嘱託講師
　同志社大学文学部嘱託講師
佐尾知登世（さおちとせ）
　同志社大学留学生別科嘱託講師
　同志社大学文学部嘱託講師
平弥悠紀（ひらみゆき）
　同志社大学留学生別科助教授
松本秀輔（まつもとしゅうすけ）
　同志社大学留学生別科嘱託講師
　テュービンゲン大学同志社日本語センター嘱託講師
米澤昌子（よねざわまさこ）
　同志社大学留学生別科嘱託講師
　同志社大学文学部嘱託講師

書　名	**日本語を磨こう**──名詞・動詞から学ぶ連語練習帳
コード	ISBN978-4-7722-6008-4　C1081
発行日	2002年10月10日初版第1刷発行
	2005年6月6日初版第2刷発行（部分修正）
	2009年3月1日初版第3刷発行
	2015年3月20日初版第4刷発行
著　者	神田靖子・佐藤由紀子・山田あき子
	Copyright ©2002 Y. Kanda, Y. Sato and A. Yamada
発行者	株式会社古今書院　橋本寿資
印刷所	㈱太平印刷社
発行所	古今書院　〒101-0062 東京都千代田区神田駿河台2-10
	http://www.kokon.co.jp/
電　話	03-3291-2757
FAX	03-3233-0303
振　替	00100-8-35340
	検印省略　Printed in Japan

新しい日本語テキストできました。

日本語の作文力練習帳

上級：大学・大学院で学ぶために

倉八順子著
和洋女子大学講師
大原日本語学院講師

★留学生も日本人学生も作文力向上
著者は言う。作文指導の経験から、留学生でも日本人学生でもステップを踏んだ練習によってかならず作文力が上達する。本書は学習者と指導者の対話という形で作文力のステップの4段階をそのノウハウとともに解説した。練習課題をそれぞれ3問ずつ掲載し、本書を活用することで作文力がつくように構成されている。ISBN978-4-7722-6113-5

B5判
本体1800円＋税

[主な内容]
はじめに：作文力にはステップがある
1　新聞の縮約：世界を知る
2　新書の要約：知の世界と対話する
3　意見文の要約と意見：哲学の世界を身近に
4　小説のあらすじと感想：作品を楽しむ
　　（夏目漱石、太宰治、芥川龍之介、宮沢賢治）
おわりに：作文指導を楽しむために

日本語表現の教室　中級　語彙と表現と作文
倉八順子著　2600円＋税

日本語の作文技術　中・上級　倉八順子著　2500円＋税

日本語の表現技術―読解と作文―上級
倉八順子著　2500円＋税

日本語を磨こう―名詞・動詞から学ぶ連語練習帳
神田靖子・佐藤由紀子・山田あき子著　2600円＋税

連語を使おう―文例・例文付き連語リストと練習問題
神田靖子・佐尾ちとせ・佐藤由紀子・山田あき子著　2800円＋税

デジタルコンテンツを学ぶ留学生のための　**カタカナ語表現練習帳**
デジタルハリウッド大学日本語教材開発グループ
富田美知子・遠藤樹子・田所直子・中村たか子・藤巻和代著　2300円＋税

古今書院　101-0062　東京都千代田区神田駿河台2-10
電話03-3291-2757　fax 03-3233-0303
http://www.kokon.co.jp　ここんしょいん　と読みます。since 1922